希腊是唯一能让我满足的地方。

——拜伦

图书在版编目（CIP）数据

希腊旅本 / 乐行，悦临著；番外编辑部编. — 广州：广东旅游出版社，2020.8（2023.3重印）

ISBN 978-7-5570-2202-0

Ⅰ.①希… Ⅱ.①乐… ②悦… ③番… Ⅲ.①旅游指南—希腊 Ⅳ.①K954.59

中国版本图书馆CIP数据核字(2020)第036042号

番外·旅本
总 策 划：刘志松
执行策划：张晶晶　方银萍
责任编辑：方银萍
摄　　影：乐　行　悦　临　杨谨瑄　希腊国家旅游组织等
手绘插画：Hayako
装帧设计：李红泉　谭敏仪
责任技编：冼志良
责任校对：李瑞苑
* 本书地图仅用于景点示意

希腊旅本 Xila Lüben
广东旅游出版社发行
（广州市荔湾区沙面北街71号首、二层）
邮购电话：020-87348243
深圳市希望印务有限公司印刷
（深圳市龙岗区坪地街道怡心社区吉祥二路13号厂房B栋）
787毫米×1092毫米 32开 6印张 170千字
2020年8月第1版 2023年3月第2次印刷
定价：49.80元
版权所有　侵权必究
本书如果有错页倒装等质量问题，请直接与印刷厂联系换书

希腊旅本

乐行　悦临 / 著
番外编辑部 / 编

广东旅游出版社
中国·广州

番外·小引 / 雕刻旅行时光

人生是一部大书,日常生活则是正文。

仅仅沉溺于执着于生活正文的进退兴废,跌宕起伏,生活职业化,算不上丰盛人生。

正文之外,还有番外。

旅行,算是人生番外的一种,生活的他方。

因此,圣·奥古斯丁在其蜚声于世的人生总结《忏悔录》中说:"世界这本书,不旅行的人只看到其中的一页。"

的确,仰观宇宙之大,俯察品类之盛,乐山乐水,游目骋怀,旅行,穿越人山人海,翻越世界很多面,足以拓宽人生的宽度。

但是,并非理所当然地一定能延展生命的长度和提升生命的纯度。

旅行有如读书,虽万卷阅遍然不知"破",亦囫囵吞下仙人果,不解其味,二师兄是也。

旅行不二,不能走马观花,浮光掠影,换个地方吃饭,换个城市走路,上车睡觉,停车撒尿,下车拍照,回来啥也不知道。

今天,国人已经告别了赶鸭子上架的打卡时代,旅行升级到了3.0,目的地从省内到国内再到国外;装备从walkman到iPad,从数码相机到单反;方式从跟团游、半自助到全自助……

越来越多的人在追求有价值的旅行。

但生活正文之外,要真正写好旅行番外这篇文章,做好罗杰斯所说的人生最有价值的投资,如卡尔维诺所说"为了回到你的过去或找寻你的未来而旅行",升级还远远不够,还需要改变更多。

因为,说到底,所有人的旅行,从本质上说,都是想通过空间的位移来赋予时间新的意思,把时间活成更好的时光,让时间散发出日常生活之外诗意的光芒和别处的智慧。

他不可辜负。

他需要优游,需要深入其里,反复求索和玩味,方得其中三昧和味外之旨,从悦目、悦心到悦神。"星河尽涵泳,俯仰迷下上",真正的旅行者都是涵泳者。

他需要踏着下雪的北京,品尝夜的巴黎,拥抱热情的塔希提,湄公河上有邂逅……

他需要搜集地图上的每一次风和日丽,用心挑选和寄出纪念品,路过纽约地铁里湿漉漉的表情,错过布拉格广场上最后一道班车,见证世界上最危险的厕所和最美丽的天空……

他需要一段午后的时光、雨中的跫声、一次森林的迷失、青草更青处的漫溯……

他需要一本书、一支笔、一页纸、一杯摩卡,他需要揣摩、吟咏、记录、描绘……

没错,他需要路上有谦卑,"keep hungry, keep foolish"。

而这,就是我们所提倡的,所致求的,就是我们的"番外"精神。

番外,是我们致力打造的一个旅行品牌,只为最有价值的旅行而生。今天,当你读到这段话时,事实上,已经进入了我们的番外·旅本。番外·旅本,是一种图书和笔记本融合的跨界产品,既是一种精细雕刻的价值读物,也是一种用以记绘可以反复使用的环保记事本。总之,它是一种可以改变旅行态度和旅行方式的文创产品,提倡从脚下旅行、眼睛旅行、相机旅行到笔下旅行、走心旅行、创新旅行("试图用能给世界一些新意的眼光来看世界"——凯鲁亚克),打造属于自己旅游传承的博物馆。

番外·旅本,雕刻旅行时光,不辜负每段旅程。

时间因雕刻而精致,岁月因记录而传承。

番外·旅本,欲承载人生更多的热爱和梦想。

这,真需要你我一同来完成。

刘志松

目 录
CONTENTS

希腊博物馆

希腊简史 ②
这里是希腊 ⑫

你好，陌生人 /13
苏格拉底的脚印 /18
来自古希腊的琴声 /22
酒神赞歌 /27
不自由毋宁死 /35
第十位缪斯 /41
爱琴海慢生活 /46
神话的国度 /53

希腊旅行TOP16 ⑤⑧

- NO.1 雅典卫城：欧洲从这里开始 /59
- NO.2 国家考古博物馆：看尽希腊艺术 /64
- NO.3 克里特岛：寻找米诺斯文明 /68
- NO.4 埃皮达夫罗斯古剧场：戏剧演员的梦想圣地 /73
- NO.5 迈锡尼遗址：从神话来到现实 /78
- NO.6 奥林匹亚：奥运圣火，和平盛会 /82
- NO.7 德尔菲：世界肚脐、神谕之地 /86
- NO.8 迈泰奥拉：天空之城，隐修圣地 /90
- NO.9 圣托里尼：不只有蓝白教堂 /93
- NO.10 纳夫普利翁：希腊独立的象征 /98
- NO.11 扎金索斯：让人忘记天堂的地方 /101
- NO.12 塞萨洛尼基：统治与战争在此交替 /105
- NO.13 伊庇鲁斯：古剧场里回荡远古歌声 /110
- NO.14 罗德岛：中世纪骑士精神犹在 /114
- NO.15 米克诺斯：爱琴海风情 /117
- NO.16 哈尔基迪基：爱情三阶段 /122

资讯·微焦距

地中海美食 /128
节日活动 /135
戏剧和音乐演出 /139
实用信息 /141
行前必备 /142
旅途须知 /143
文艺时光 /145

城市丈量指南

	/148
雅典	/155
希腊中部	/158
塞萨洛尼基	/161
伯罗奔尼撒半岛	/165
基克拉泽斯群岛	/168
克里特岛	/171
爱奥尼亚海群岛	/176
爱琴海东部群岛	

番外：我们的希腊朋友圈 ⑱⓪

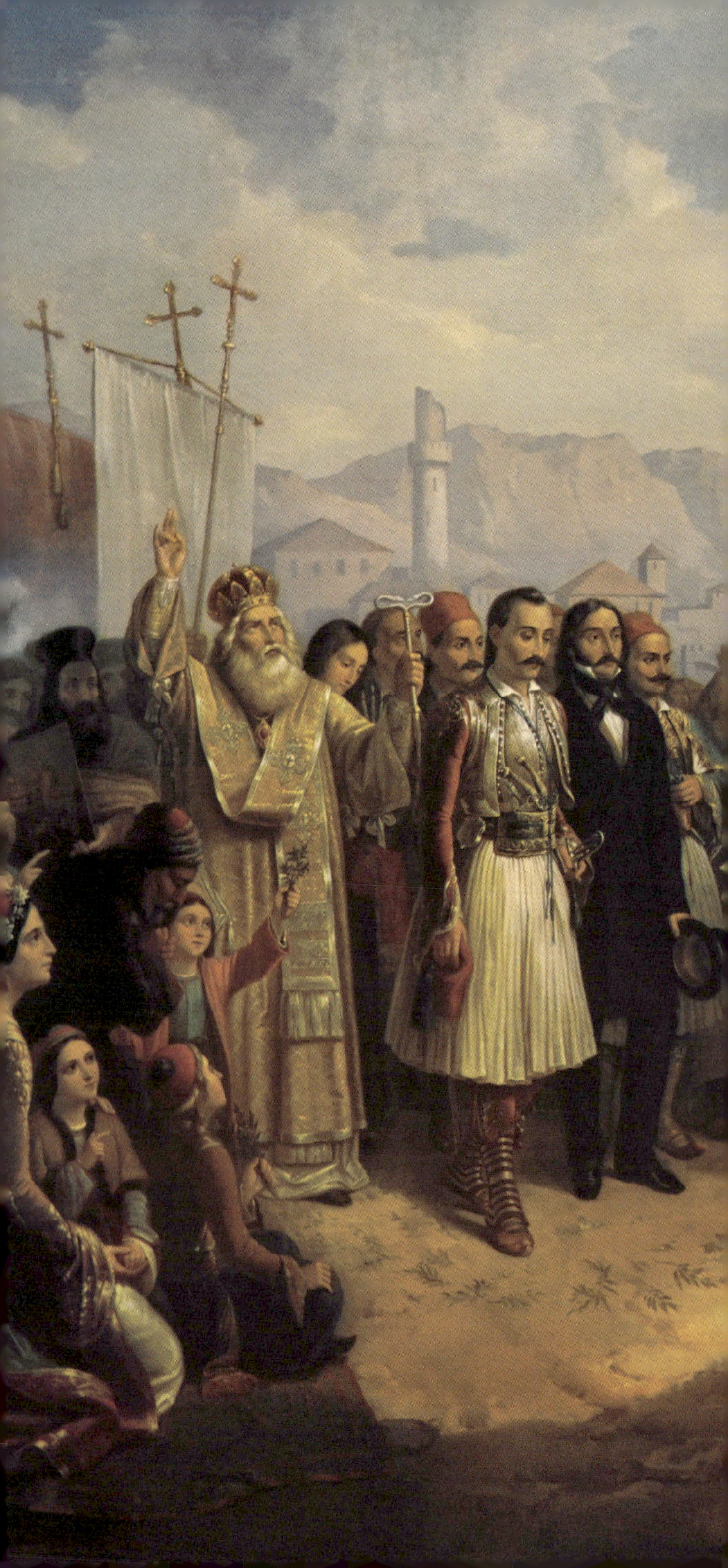

希腊
GREECE
博物馆

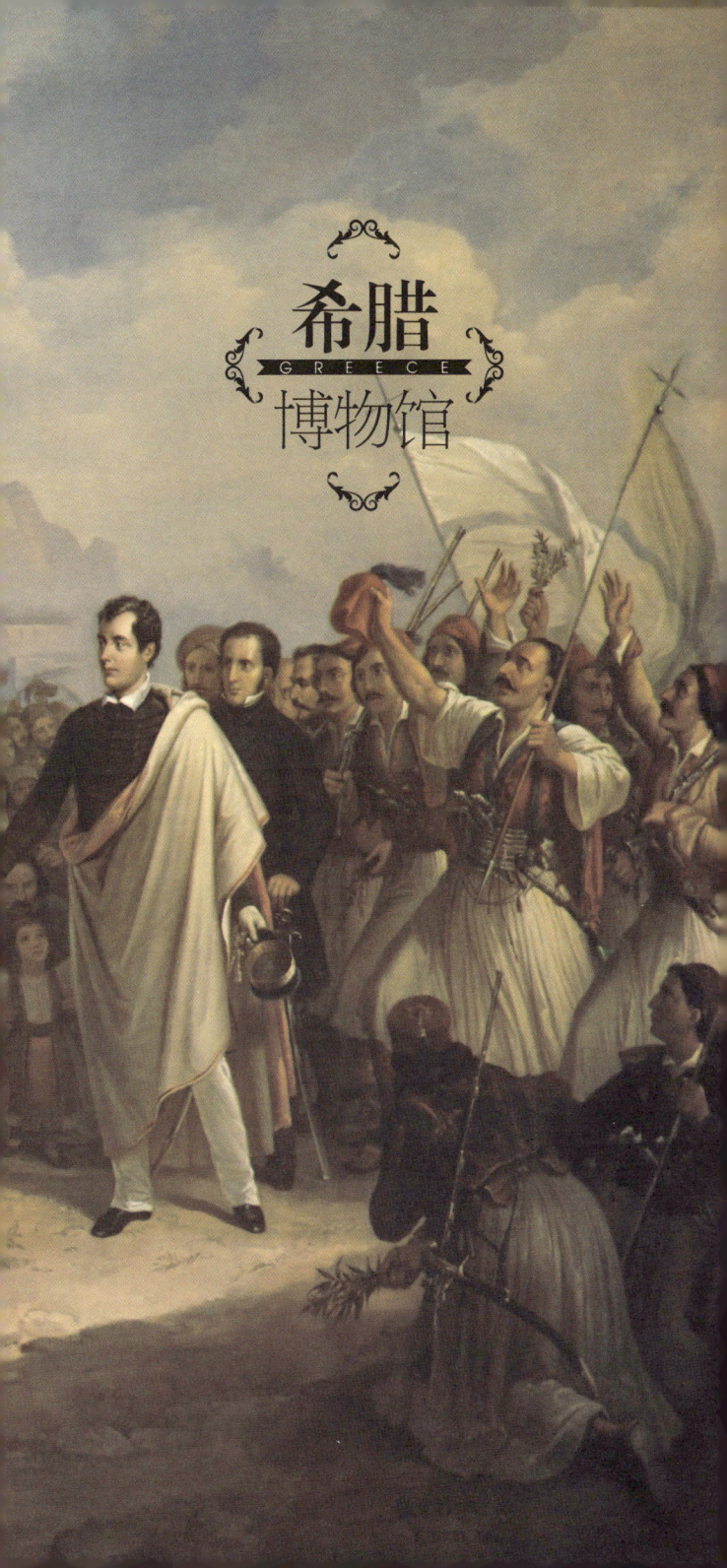

希腊简史

去西方之前,先去希腊。

在风云变幻的欧洲大陆上,有一块与亚洲和非洲相连的土地,数千年来一直是西方文明的圣地。

它的名字叫希腊。

无数人前往希腊朝圣,在雅典卫城亲吻脚下已经存在上千年的大理石。现代西方文明,正是从这里开始,而如果想要真正理解西方文明,起点也当是此地。

希腊文明是世界上除中国文明以外,唯一延续数千年而不断的文明。曾经的两河文明、埃及文明等古文明早已

湮没在历史尘埃中，而希腊文明至今仍然在照耀着整个西方。无论欧美各国发展如何现代化，他们并未忘了自己的文明之根是在希腊。

从克里特岛的米诺斯，到爱琴海中央的基克拉泽斯；从伯罗奔尼撒半岛的迈锡尼，到民主诞生的雅典城邦；从亚历山大东征的希腊化时代，到大业分裂之后的罗马帝国；从繁华一时的拜占庭帝国，到400年受压迫的奥斯曼统治，再到自由独立的希腊共和国……希腊的历史跨越了9000年，这片古老的土地承载了从古希腊众神到基督教到民主共和的文明进程。

9000到5000年前，爱琴海上孕育出了基克拉泽斯文明和米诺斯文明，它们并不像我们想象中的那么原始，反而其繁盛程度经考古发现之后让后世震惊。如果不去一趟伊拉克利翁考古博物馆，我们永远不会知道，原来在那么久

远之前的人类，已经拥有那样高度的文明！

可惜天妒文明，被柏拉图称为"失落的亚特兰蒂斯"的圣托里尼突然火山喷发，引发海啸，强大的米诺斯失去了赖以称霸海上的船队，被南下的迈锡尼人灭亡。在一个轮回之后，米诺斯文明竟然又回到了一片沉寂的原始时代。忽起忽灭，让人感叹。

崛起自伯罗奔尼撒半岛的迈锡尼文明吸收了米诺斯文明的精华，迅速成为希腊世界最强

大的力量。在《荷马史诗》记载的特洛伊战争中，率领希腊联军的正是迈锡尼国王阿伽门农，当时迈锡尼盛极一时。

然而，到了公元前11世纪，迈锡尼逐渐衰落，多利安人从北部南下，很多希腊人开始移民到小亚细亚和塞浦路斯。这个时期的希腊进入了黑暗时代，文化和社会几乎没有发展，也几乎没有文字记载，希腊本土人口剧减。

希腊人在黑暗中摸索前行，直到公元前8世纪，才脱离了黑暗时代获得了新生，标志性的事件是《荷马史诗》的诞生。始于公元前776年奥林匹克运动会，止于公元前

480年第二次希波战争,这一时期被称为古风时期。这个时期人口开始增长,贸易再度繁荣,希腊人开始采用腓尼基字母写作。城邦制度正式建立,雅典和斯巴达两大城邦迅速崛起。两次希波战争中希腊均取得了胜利,希腊世界空前团结起来。

公元前6世纪,世界各地大多还处于原始或者封建时代,民主却已经诞生在了希腊的土地上。雅典在梭伦改革下建立起民主制度,公元前507年克里斯提尼在雅典推行的民主改革为古典时期的雅典民主打下了基础。而吕库古在斯巴达进行的政治、教育和军事改革,改造了斯巴达社会,建立起与雅典截然不同的制度,军事化的管理让斯巴达成为当时希腊强大的城邦。两个最强大的城邦,却拥有完全不同甚至相反的社会形态，这也是人类文明发展的缩影。

第二次希波战争中，雅典海军在萨拉米斯湾大败波斯海军，而斯巴达国王列奥尼达在温泉关战役击退波斯陆军。希腊世界进入了盛世，雅典历史上最伟大的执政官伯里克利开始治理雅典，他资助古希腊三大剧作家之一——埃斯库罗斯的《波斯人》上演，支持古希腊最伟大的雕塑家菲迪亚斯建造帕特农神庙，为艺术的发展作了巨大的推动。

然而一山不容二虎，以雅典为首的提洛同盟与以斯巴达为首的伯罗奔尼撒同盟，开始了近30年的战争，最终军事化社会形态的斯巴达获胜。雅典和斯巴达在战争中都大伤元气，相对落后的北部马其顿抓住时机，其统治者菲利普二世在公元前333年攻占了除斯巴达之外几乎整个希腊。

菲利普二世之子亚历山大大帝统一了希腊，彻底打败宿敌波斯，一路东征直到印度，将无比广阔的土地纳入统治。希腊语和希腊文化在这些区域广为传播，这一时期被称为希腊化时代（公元前323年至公元前31年）。希腊文明在地域广度上达到了最盛时期，据传佛教的雕像正是来自希腊的雕塑艺术。

然而亚历山大大帝在归途中突然离世，整个帝国迅速分崩离析。罗马人趁虚而入，历史翻到了罗马帝国这一篇。

罗马深受希腊文明的影响，哪怕是神话

体系都直接移植，只是简单地改个名字。罗马人以希腊人为师，建立起法律体系，政治、文化和经济高度发展，疆域扩展到整个地中海沿岸。因而后世称"光荣属于希腊，伟大属于罗马"。

公元330年，罗马帝国在君士坦丁堡设立新首都。公元395年，罗马帝国一分为二，东罗马帝国被后世称为拜占庭帝国，以东正教为国教。希腊语是拜占庭帝国的官方语言，大量教堂在希腊本土和小亚细亚地区修建。

随着土耳其人的入侵，西方世界在公元1096—1270年发动了四次"十字军东征"，基督徒与穆斯林的冲突越来越烈。

1453年是西方文明史上不可忘记的一年，强大了数百年的罗马帝国，在这一年陷落于奥斯曼土耳其人之手。希腊人开始承受长达400年的土耳其人殖民统治，宗教信仰冲突、文明冲突、风俗冲突，充满了这一时期的希腊社会。这或许是希腊文明至暗的时期，然而让人惊讶的是，希腊人竟然在完全不同的文明和宗教统治下，依然完好地保存了自己的民族文化，400年多少代人之后，希腊人依然没有忘记自己的文明。希腊文明生命力强大如斯。

那400年里，希腊人并未放弃抵抗，然而实力的悬殊让民族起义不断受到挫折。1821年是希腊的独立年，这一年，在伯罗奔尼撒半

岛西北部的圣拉夫拉修道院，希腊人喊出了"不自由毋宁死"的国家格言，正式向奥斯曼土耳其人宣战。起义迅速蔓延到希腊各地，经过了8年抗战，在欧洲其他国家的支持下，1829年，希腊人终于又迎来了独立自由，建立希腊共和国。

　　希腊共和国的第一任首都定在"伯罗奔尼撒半岛最美的小镇"——纳夫普利翁，雅尼斯·卡波底斯特里阿斯成为第一任执政官，然而两年后他在纳夫普利翁被暗杀。后来雅典大学就以他的名字来命名，以纪念这位民族英雄。

　　此后希腊由共和国进入了王国时期，巴伐利亚17岁的王子奥托由英、法、俄选择来希腊担任国王，此时实际上的掌权者为德国人。列强对希腊的干涉逐渐加强，在奥托被希腊赶走后，列强们又送来了丹麦王子乔治担任国王。

　　近代史必然逃不过世界大战，两次世界大战中希腊都站在民主阵营，尤其是二战中当墨索里尼要求邻居向法西斯投降的时候，希腊人大声回答"OXI"（意为"不"），开始艰苦的反法西斯战争。

　　当年，希特勒站在雅典卫城上指挥轰炸了这座千年古城，数十年后，尽管雅典的建筑已不复过去的华丽，却依旧承载着历史的厚重。自那以后，希腊"任性"地成为世界上唯一有两个国庆日的国家，一个是抵抗奥斯曼帝国的独立日3月25日，一个是反法西斯的10月28日，后者又被称为"说不日"（OXI DAY）。

　　我们来数数希腊人对人类文明所作的贡献。哲学有西方第一位哲学家泰勒斯、唯物辩证法奠基人赫拉克利特，以及"哲学三杰"苏格拉底、柏拉图和亚里士多德；戏剧的起源地，有埃斯库罗斯、索福克勒斯、欧里庇得斯和阿里斯托芬；天文学有测量了地球、太阳和月亮之间距离并推论出太阳中心说的阿利斯塔克，计算地球周长的埃拉托塞尼；数学有写了《几何原本》的欧几里得、"力学之父"阿基米德、发明勾股定理并将数学与音乐结合的毕达哥拉斯；医学方面有西方医学奠基人、"医学之父"希波克拉底；物理有原子论提出者、百科全书式人才德谟克利特……

希腊历史上出现了无数文明的巨人，他们为现代文明奠定了基础，而希腊也正是因此成为西方文明的起源地。

在历经古代的辉煌和近代的苦难之后，希腊文明今天仍然传承并哺育着西方文明。如果想探索西方文明，记得先来希腊。

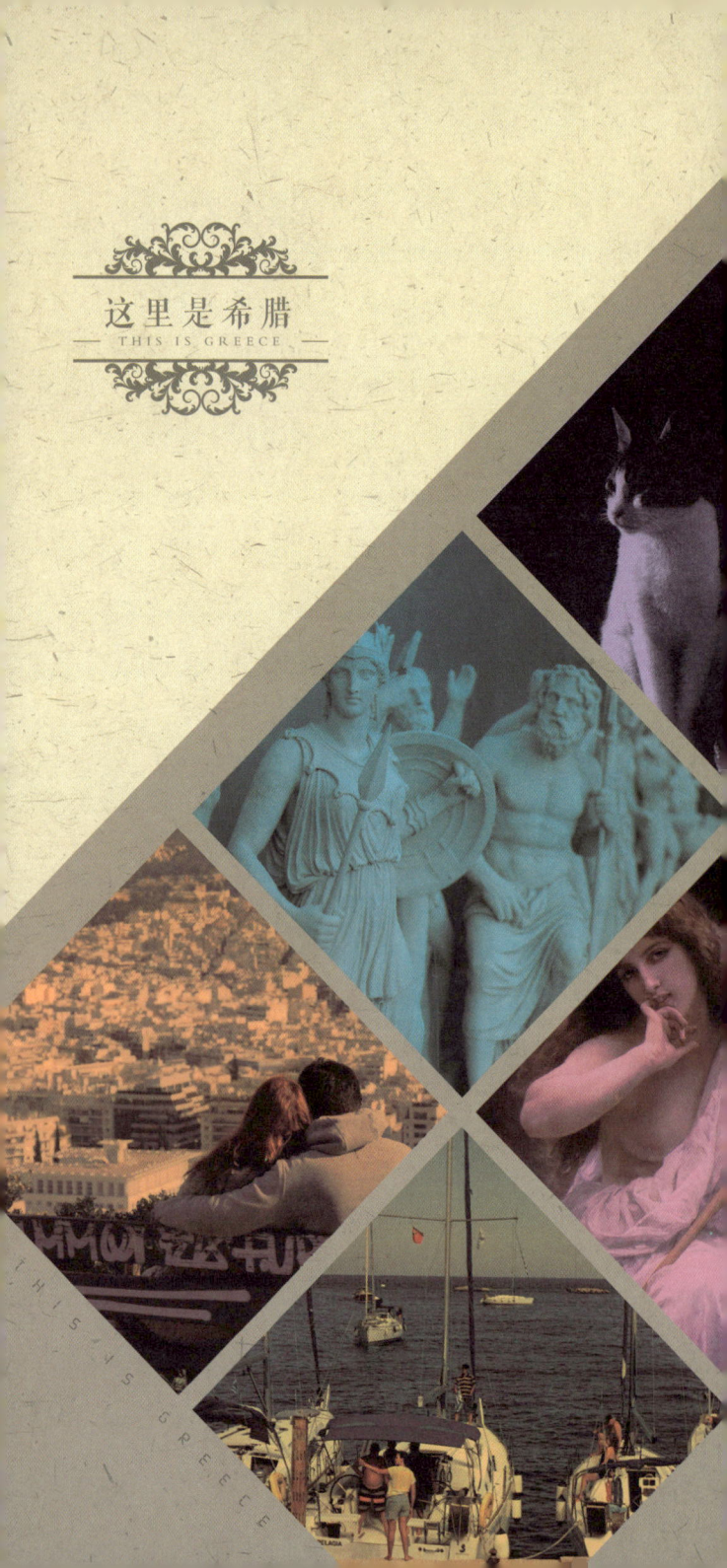

这里是希腊
THIS IS GREECE

GREECE
你好，陌生人

登上爱琴海航空的飞机时，会发现在驾驶舱外侧的机身上印着一个词：philoxenia（希腊语为Φιλοξενία）。希腊人为什么会把这个词单独印在飞机上？原来，这个词对于希腊人来说十分重要。可以这么说，如果每个人都必须记住一个希腊词的话，或许就应该是Φιλοξενία。这个单词没有对应的中文翻译，大概意思是"对陌生人友好"，但实际上仅仅这么解释是无法囊括这个词的全部内涵的。

在古希腊，热情好客是至高无上的美德，每个人都应当遵守。那时候尽管也会有宾馆，但大多数人在离家去往他乡的时候都会依靠自己的朋友，或者朋友的朋友，甚至是朋友的朋友的朋友，让他们为自己安排住处和餐食，当然也少不了一池热水。而作为主人，一定要确保客人受到热情招待并且感到非常舒适。

客人必须有充足的礼貌，不能让自己成为主人的负担，给主人家带来不必要的麻烦。也只有这样，以后才能在旅行中得到更多朋友的帮助。

甚至在《荷马史诗》的《伊利亚特》中，也有记录"Φιλοξενία"这个词。这本史诗写的是特洛伊战争的故事，实际上特洛伊战争就可以看作是因为违背"Φιλοξενία"而发生的：特洛伊王子帕里斯在去斯巴达做客的时候，得到了斯巴达国王的热情招待，帕里斯却勾引并拐走了斯巴达王后海伦，这极大地触犯了希腊人 **Φιλοξενία** 的传统，引起了斯巴达王的怒火，其兄长迈锡尼国王阿伽门农聚集起希腊联军，前往特洛伊去讨说法。

在古希腊神话中，宙斯曾经化身老者走访，探察希腊人对陌生人是否同样热情招待。古希腊时代，漂泊在外的人在各个希腊城邦都会受到热情招待，不分阶级，不分熟人或陌生人，大家可以随意借宿在当地的住宅里。这种热情帮助对当时的社会产生了巨大影响，一直延续至今。

当然，现代希腊人可能不会随意接待任何人，但你仍然可以在希腊很多地方都得到帮助，即使你对他们来说是一个陌生人。

初到希腊，我们或许还会常常因希腊人无比热情的帮助而不知所措，但是渐渐地，大家会慢慢习惯，渐渐也会主动去帮助陌生人。

在路上常常会看到两个显然是陌生人的希腊人走到一起，聊了起来。希腊人相互之间即便不认识，也可以很容易就走到一起交流，仿佛他们本来就认识很久了。

现代社会，人与人之间似乎越来越疏远，尤其是互联网让我们有了虚幻而脆弱的关系联结，本应该充满人情味的世界却逐渐冷漠。在希腊，我们终于重新感受到了这种温暖。

希腊神话中普罗米修斯创造了人类，还给人类带来了火和光明，他对人类的爱最终导致他被缚在高加索山脉的一块岩石上，日日被老鹰啄食肝脏。他并不会因为宙斯惩罚就冷漠地看着人类失去文明而灭亡，因为他的心里充满了爱与善良。

　　这种爱与善良随着希腊神话在希腊人的精神世界里一直传承至今，也让现在的希腊社会仍然能够保存着人情味，甚至是对陌生人。

　　尽管来到一个陌生的国度，我们却没有感觉到慌张和孤单，因为这里有Φιλοξενία。

苏格拉底的脚印

传说苏格拉底每天都会在天还没亮的时候就出门去市集（如今雅典的古市集），沿途与遇到的人讨论哲学。他会为自己的悍妻祷告，他认为学会与她相处，就可以很容易跟其他任何人相处，所以后世也有句玩笑话：要成为哲学家，得找一位悍妻。

苏格拉底创立了辩证式的教学方法，通过一个问题来回答另一个问题。而他的智慧，来自对自己无知的体悟。直到被雅典人判处死刑，苏格拉底仍然平静地与弟子们进行哲学讨论。正如色诺芬《会饮篇》里记载，苏格拉底说他要将一生贡献于讨论哲学，而他也正如此做了。

巧合的是，在孔子去世仅仅9年后，苏格拉底就在雅典出生。在数千年的历史长河里，他们几乎是同一时期，这个时期被称为"轴心时代"，东西方的哲学基础就此奠定。

西方哲学起源于希腊，诞生了苏格拉底、柏拉图和亚里士多德三位哲学先贤。而"哲学"这个词在希腊语里正能够体现苏格拉底的哲学精神，那就是对智慧的热爱——Φιλοσοφία（哲学），Φιλο是"爱好"的意思，而σοφία是"智慧"的意思。这个精神一直延续至今，希腊人对于这个世界充满了好奇，这也体现在他们对于中国文化的态度上。

古希腊人渴望认识到世界和自然的本质，经过不断地寻找和进行理性辩论，哲学在希腊诞生。而此后

神奇的事情发生了：数学、天文学、医学、音乐等等都在哲学的基础上诞生或发展。我们现在对哲学的理解相对狭隘，实际上对于古希腊人来说，他们并不认为自己是数学家或者天文学家，他们的身份只有一个，就是哲学家。

这其中，无数鼎鼎大名值得我们记住：泰勒斯，米利都学派创始人，被尊称为"科学之父"，他曾准确预测日全食发生的时间，估算太阳和月球的大小，通过金字塔的阴影计算其高度，将一年的时间定为365天，甚至还通过天文学研究确认了小熊座；德谟克利特，自然科学家，原子论的创始者，认为世间万物由原子组成，他在物理、数学、天文、医学、军事、心理学等等领域都有所建树，堪称全能；毕达哥拉斯，数学家和音乐理论家，勾股定理的发现者，

曾用数学研究音乐，并第一次提出了地圆说……此外，还有阿那克西曼德、色诺芬尼、巴门尼德、赫拉克利特、恩培多克勒、安提斯泰尼、伊壁鸠鲁等等，真是群星荟萃。

而这些人对于天文、数学、物理、音乐等领域的研究，只是为了解答他们在哲学上的问题。多么不可思议，只是为了哲学的思考而引发构建了我们现代科学文化的根基！

如今我们仍然可以在古市集找到苏格拉底的气息，踩在他的脚印上。其实，苏格拉底的脚印哪只存在于古市集里，在雅典，在整个希腊的土地上，到处都是苏格拉底的脚印，都是哲学的脚印。

现在我们大部分人都淡漠了哲学，哲学似乎枯燥难懂，然而希腊人对于哲学的热爱一如既往。或许在古市集，你也会遇到一个希腊人就像当年苏格拉底那样，拉着你不停地辩论。

来自古希腊的琴声

很难想象一个没有音乐的希腊，那么荷马的史诗、埃斯库罗斯的悲剧、萨福的诗歌、克里特的舞蹈、帕特雷的狂欢节，都将失去色彩。在爱琴海中央基克拉泽斯群岛出土的弹琴人偶，那端坐的身子和扬起的面庞，似乎正在为我们弹奏来自四五千年前的音乐。

在古希腊神话里，有这么一段故事被记载在《荷马史诗》中，后来又被古希腊"戏剧三圣"之一的索福克勒斯写成戏剧：

聪明的赫耳墨斯刚出生就已经充满智慧，他很调皮地从哥哥阿波罗那儿偷走了牛。阿波罗丢失了牛，很是生气，派人前去追查盗贼。但是等到赫耳墨斯被发现的时候，他已经用牛角、龟壳、羊皮和羊肠线做成了一件乐器。为了平息哥哥的怒火，他弹琴给阿波罗听。阿波罗立马被美妙的琴声吸引——要知道阿波罗可管理着缪斯女神，是实实在在的音乐之神。

赫耳墨斯用小手拨弄着琴弦，音符像流水一样流过山川和森林，宁芙们（Nymph，自然幻化的精灵，出没于山林、原野、泉水、大海等地）随着琴声翩翩起舞，希腊大地上的人们也唱起快乐的歌。一曲终了，赫耳墨斯把琴递给哥哥，希望哥哥可以原谅他。阿波罗的怒火早已在琴声中消散，这张琴后来就成了他随身携带的乐器，古希腊的雕塑、

壁画和陶器上阿波罗手里拿着的就是这张琴。

这张琴叫里拉琴，被视为西方乐器的始祖，数千年来的传承让其凝聚了古希腊音乐的精华。古希腊人认为，里拉琴是最贴近心灵、最能触碰到灵魂的乐器，当你抱着琴弹奏的时候，琴弦正贴在你的心脏上方。所以在城邦时代，雅典的每一位男性公民，小时候都会以里拉琴开始启蒙，家家户户都至少有一张里拉琴。

在油画中，我们可以看到双目失明的荷马坐在路边，边弹着里拉琴边给路人讲述奥德赛的故事；我们可以看到优雅智慧的萨福站在莱斯沃斯岛的海边，边弹着里拉琴边教女子学院的女孩们如何写诗；我们可以看到雅典城里柏拉图在学园里边弹着里拉琴，边给学生们讲他的哲学……

从古希腊传来的音乐,已经不再是单独的艺术形式,而成了这个世界里无处不在的空气,人们以音乐为媒去创作、去学习、去交流、去生活。这天然地为希腊人世世代代积累下深厚的艺术底蕴。由音乐(music)而生缪斯(muse),又生博物馆(museum),包罗万象,精彩纷呈;由里拉琴(lyre)而生抒情诗(lyric),又生抒情诗人(lyricist),诗乐相和,自古相传。

希腊人能歌善舞，热情浪漫。与希腊朋友聚会，常常随手拿起乐器就可以吟唱，搭上同伴的肩膀就可以起舞。希腊小朋友们常常有机会听各种音乐会，甚至有很多专门为他们举办的音乐会，自小耳濡目染，基因里的艺术细胞自然而然就被唤醒了。

一起来听一曲《春天的天使》吧。

GREECE

酒神赞歌

在雅典卫城的南坡，有一片已经只剩下断壁残垣的古剧场，据说在剧场上方卫城城墙壁上那个门是当年演员的入口，可以想象当年这个剧场是多么的庞大。2000多年前，17000人坐在这里观看戏剧演出，然而如今大理石座位大部分已经埋没在野草和泥土之中。这就是酒神剧场，建造于公元前5世纪，当年雅典举办戏剧比赛以纪念酒神狄奥尼索斯就是在这里。

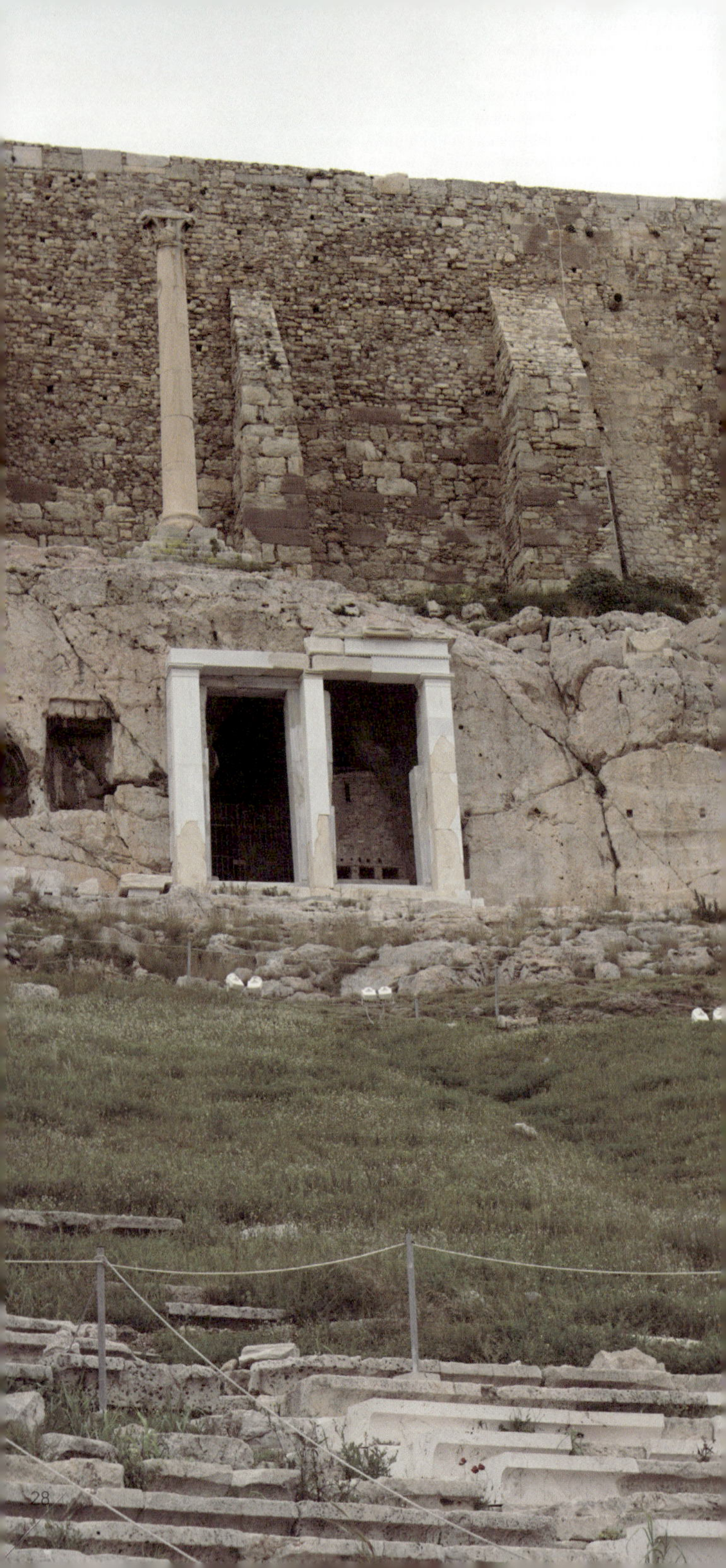

很多人都不知道葡萄酒起源于希腊，甚至不知道希腊出产世界顶级品质的葡萄酒。不过还是有不少人见过那个总是头戴葡萄藤、手举酒杯的酒神形象——天神宙斯和底比斯公主塞墨勒之子。酒神在西方文学、戏剧、雕塑和绘画等作品中随处可见，尼采曾将酒神狄奥尼索斯与太阳神阿波罗进行分析，从中得出二元对立的希腊精神，幽暗与光明，激情与理性，冲突而又融合，这正是希腊人性格的两面。

古希腊人把祭祀酒神的仪式逐渐发展成为城邦范围的庆典，从中诞生了狂欢节。没错，现在世界各地随处可见的狂欢节，竟然是几千年前在古希腊诞生。公元前560年，僭主庇西特拉图将酒神祭祀引进了雅典。祭祀中有大约15名男子组成的歌队，通过歌唱颂歌和跳舞来赞美酒神狄奥尼索斯。之后大约在公元前534年，雅典人特斯庇斯首次在酒神节中引入了演员，让演员与歌队产生了对话，由此戏剧正式诞生。

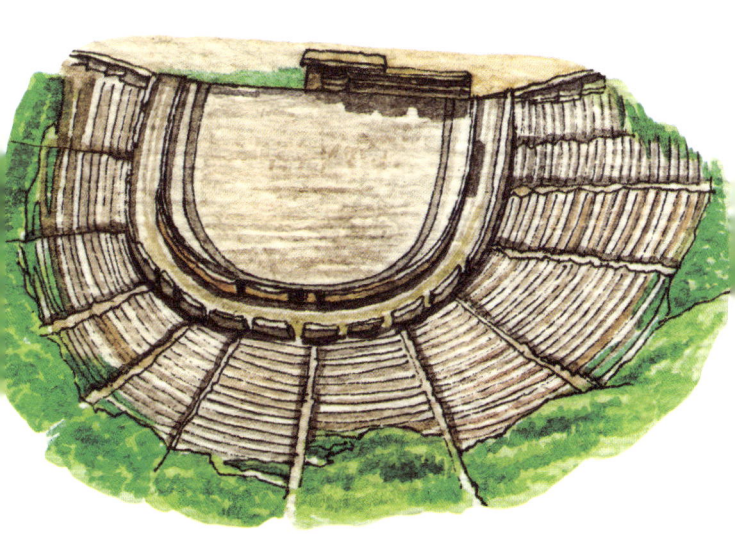

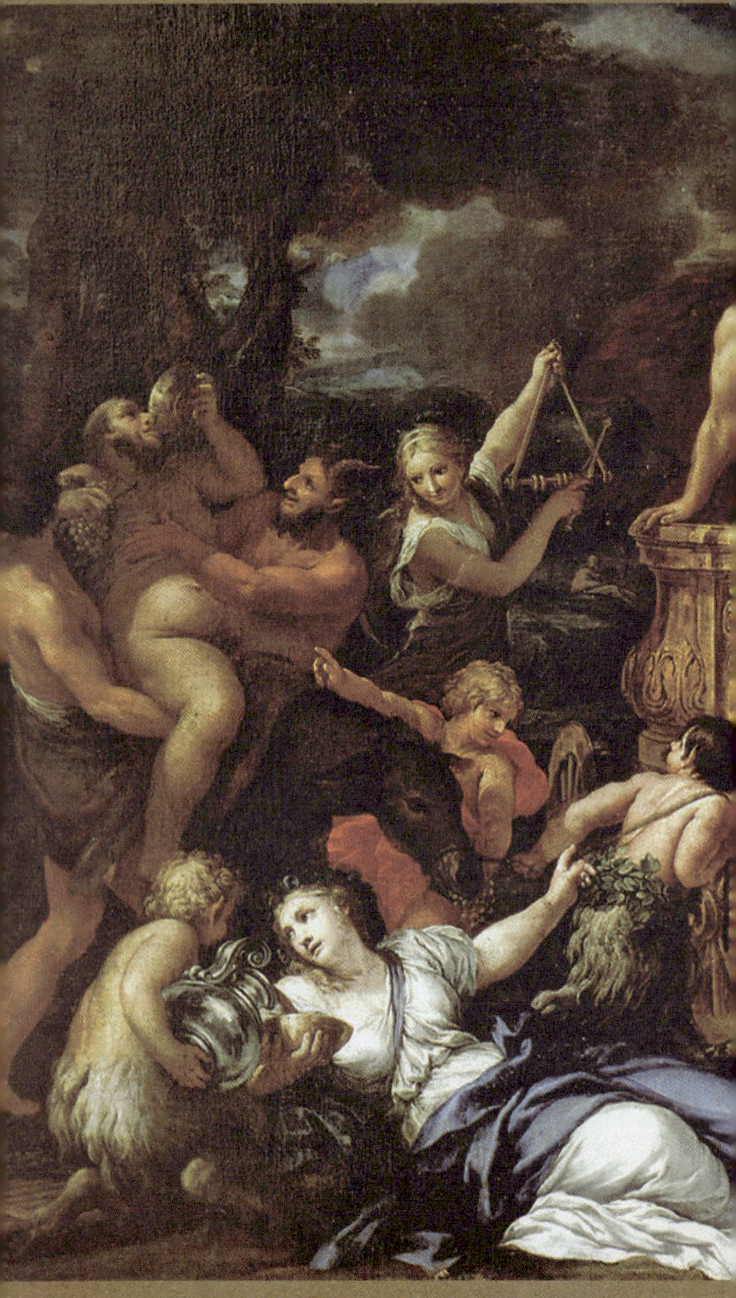

31

戏剧随着酒神节而传遍希腊，并出现了三位伟大的悲剧剧作家：埃斯库罗斯、索福克勒斯和欧里庇得斯。他们创作了大约900部悲剧，其中只有32部剧作流传千年至今，可惜我们只能遗憾于大量杰作消泯于历史的尘埃里。

在雅典黄金时代，执政官伯里克利力主建造露天剧场，举办戏剧比赛，每年举行三次戏剧节，甚至还

向公民发放津贴来鼓励他们观看戏剧。其中春天的戏剧节被称为"城市酒神节"(City Dionysia),3天演出悲剧,然后演出5场喜剧,夹杂着羊人剧的演出。在所有演出之后,就是颁奖仪式。举全城邦之力来推动戏剧的发展,安有不兴之理。

戏剧的主要题材还是来自古希腊神话,希腊的神具有人性,因而戏剧探究人性的根本。比如埃斯库罗

斯的三联剧《俄瑞斯特亚》，其中讲述的是从特洛伊战争获胜而归的阿伽门农的故事，充满了复仇的沉重。又比如《俄狄浦斯王》杀父娶母的悲剧，提出了关于命运和自尊的哲学问题。

　　古希腊戏剧的一个重要特征就是歌队。戏剧从歌队中诞生之后，演出中仍然保留了歌队形式，这让古希腊戏剧保有酒神祭祀的宗教气息。在希腊特有的环形古剧场里，由酒神赞歌脱胎而出的戏剧开始探究更广泛的人性话题，而酒神依然酩酊。

G R E E C E
不自由毋宁死

你知道为什么希腊的国旗上蓝白条纹总共是9道吗?其实那是代表了9个音节,合起来就是希腊语的"不自由毋宁死"(Ελευθερία ή Θάνατος)。希腊人把这句话写在了国旗里,作为国家格言,可见他们对于自由的信念早已根植灵魂。

不仅仅是国旗,他们的国歌就更直白地叫作《自由颂》。

我从你的刀剑
那令人敬畏的锋刃认出你
我从你闪亮的眼睛
从你土地的浑厚力量中认出你
希腊的神圣之躯将此复活
勇敢前行,一如既往
万岁,自由,万岁,自由!

自1453年君士坦丁堡陷落，希腊开始进入历史上最黑暗的时期。被奥斯曼土耳其人统治了400年之后，希腊人在独立战争中经历了无数失败和牺牲，最终在对自由的向往和信念下赢得了独立。对于崇尚自由的希腊人来说，这4个世纪是难以忘却的苦难。用那首诗来形容希腊人再确切不过了：

生命诚可贵，
爱情价更高。
若为自由故，
两者皆可抛。

远自古希腊起，希腊人就以各种方式追求自由，他们的哲学、艺术、宗教、政治、诗歌、戏剧等等，都蕴含着自由的理念，他们的生活充满了自由的态度。他们通过辩论和思考来探究个体的全面发展，崇尚全面的人，而唯有素质全面的人才能拥有自由。

柏拉图认为"人都追求善"，在这个基础上，自由可以理解为"随心所欲"，而在追求自由的过程中，人们也在追求善和真理。希腊人一直自由地思考，也思考着自由。在这种思考上，民主在希腊诞生。城邦成为民主的载体，在城邦里，希腊人开始自由地进行文化创作和政治活动，自由在这里生长。正如亚里士多德所说，自由人不应为他人活着。所以公民群体共同管理城邦，平等地参与政治生活。民主本质上来说是自由人的联合，并且为共同的利益而努力。因而希腊人的自由是在发展群体的利益的基础上，实现自己个人的价值。这样的自由，是希腊人的自由。

出于保护群体利益的原因，希腊人也愿意牺牲个人的自由。而能做出这样的决定，源于希腊人性格里的两个特征：理性和思考。

2020年初，新冠病毒肆虐世间，当邻居意大利的"任性"导致疫情恶化的时候，希腊却成为欧洲各国中的一股清流。早在出现第二例确诊后，希腊立即取消境内所有狂欢节，雅典也取消了市内所有公共聚集活动。这似乎"很不希腊"。

接下来还不到一个月，希腊果断决定全民禁足，这距离封城封国只差最后一步。禁足之后，希腊民众的配合度非常高，这又让人大跌眼镜。希腊人不是崇尚自由吗？怎么会就这样乖乖地待在家里，而不是像意大利人那样到大街上去游行，抗议自己的自由权利受到了侵犯？事实证明，政府的果断措施和民众的积极配合效果明显，希腊的确诊数增幅缓慢，甚至很快

出现了平缓趋势。希腊人也因此被称为"非典型南欧人"。

希腊人对所有事物都会提出质疑并进行验证,进而完善自己的思想。在这样的思考过程中,"副产品"就是对权威的质疑,这也是为什么在希腊常常会看到游行。但是他们质疑权威是基于思考,并保障于理性,不会仅凭冲动而"为质疑而质疑"。

理性是自古希腊传承至今的品质,亚里士多德曾说:"因为同人的整体本性相比,理性是神圣的,所以理性的生活比起人类通常的生活来说也必然是神圣的……对于人来说,那就是理性的生活,因为理性使人成其为人。"

通过理性的思考,希腊人明白政府这段时间出台的防疫措施是有必要的,是可以保护他们和家人的,因而他们愿意做出让步。这是希腊式自由。

在对自由的追求中，希腊人创造出了灿烂的文化艺术成果。埃斯库罗斯写出了《波斯人》，他并未贬低敌人，而是通过这场以弱胜强的战争反思人性自由对于民族强大的动因；萨福开设了第一个女子学院，传下了大量美好的诗篇；柏拉图写下了《理想国》，让我们看到了真善美的乌托邦；希罗多德完成了《历史》，他相信希腊人区别于野蛮人正是在于对自由的热爱。

自由的基因如今也流淌在希腊人的血液里，他们热情友好，富有创意，随性自然，即使在经济危机中，他们仍然在自由地生活着，略显破旧的城市建筑里丰富多彩的艺术活动依然热火朝天，对人类和自身的思考仍未停止。即使社会现实一再给他们带来失望甚至打击，他们仍然乐观。有时候我会想，要是这样的经济危机发生在另外一个国家该会是怎样？在希腊，我看到的依然是平和快乐，这或许就是自由的力量。

第十位缪斯

"人都说九个缪斯——你再数一数,请看第十位,莱斯沃斯的萨福。"

柏拉图曾经这样评价希腊的一位女子。在希腊女性地位并不是很高的时代,萨福显得特立独行。她出生于一个贵族家庭,这让她有机会专心写诗。她经历过流亡生活,当来到爱琴海东部的莱斯沃斯岛,她在这里开设了希腊第一所女子学校,吸引了无数女子从各地慕名而来,跟随她学习诗歌艺术。和煦阳光下,萨福身穿藏红花染色的长衫,静静坐着阅读洁白的纸草,她的两个女伴分别拿着里拉琴和花环。其他的女子安静地围坐在周围,听她读诗,又或听她弹奏起里拉琴。

　　萨福是世界上第一个公开承认的女同性恋者,有人说,萨福爱女子就像爱音乐那样深。这在那个时代是多么惊世骇俗,然而萨福我行我素。她在岛上教女子们认字读书,唱歌跳舞,写诗弹琴。英文里的Lesbian(女同性恋者)正是由莱斯沃斯岛(Lesvos,又写成Lesbos)的岛名而来。因此萨福也一直被认为是女性主义者的榜样。

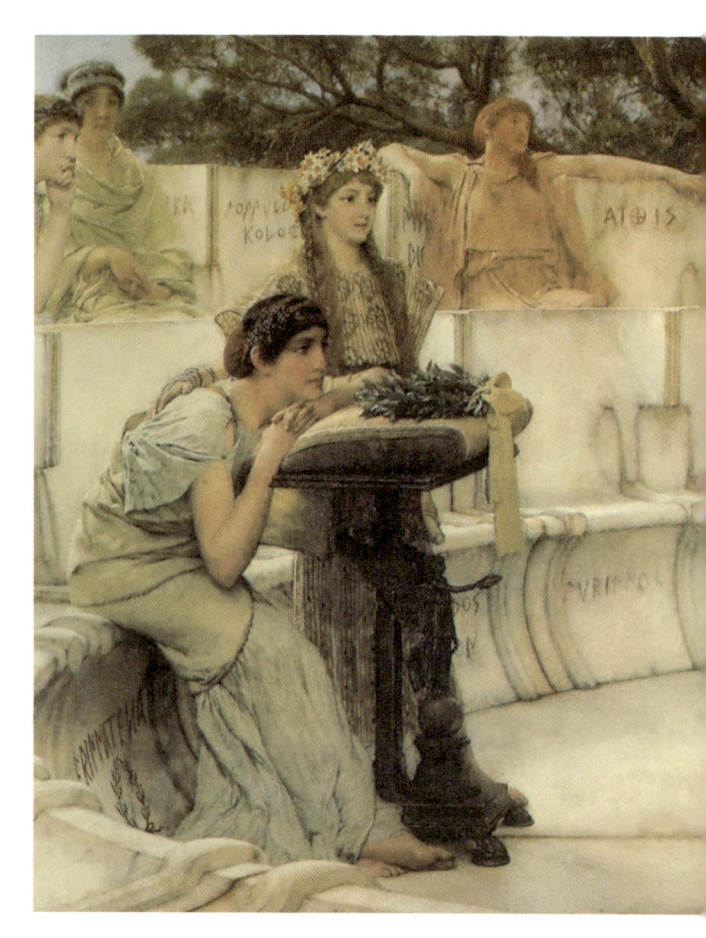

在古希腊文学史上，除了《荷马史诗》，不得不提萨福的诗歌。她是希腊家喻户晓的女抒情诗诗人，开创了"萨福体"，改革了当时的诗歌创作韵律，留下了大量作品。她往往会给自己的作品谱上曲调，用里拉琴弹唱。同时她的诗歌不再以神的名义写作，而以个人的声音来吟唱，这在当时的诗歌领域是先锋之举。

同一时期的"古希腊七贤"之一、雅典执政官梭伦听到萨福的诗篇《因为我想学会然后死去》，

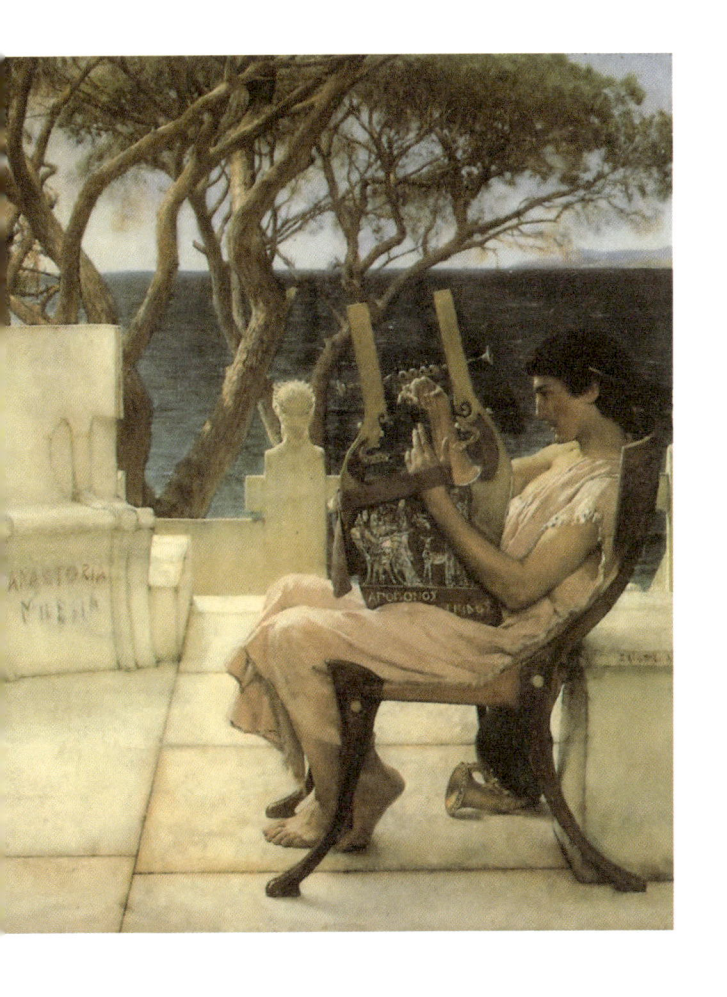

同为诗人的他非常欣赏，学会了唱这首诗之后，他感叹道，如今我可以死而无憾了。

萨福在任何时代都被认为是最伟大的诗人，她是激发艺术创作的缪斯女神。如今在希腊，仍然有很多艺术家受着她的激励进行创作，她是一种精神。

当然并不是所有人都对她赞赏有加，作为一个才华横溢的女同性恋者，她曾被道德家们贴上了很多不好的标签：一个不守妇道的女人、一个投海自尽的失恋者、一个不正常的人……她的诗作里大胆描写爱情，这在那个男性主导的时代，让无数人惊慌失措。

后人对于萨福有很多想象，因为她的人生饱满而热情，她以诗歌和七弦琴为媒介，向世界表达着自己在爱情、艺术、人生、社会等方面的观念。很多艺术家创作出了各种形象的萨福，抑或是女英雄，抑或是追逐爱情的女人，抑或是女权主义者，抑或是走钢丝的艺人……确实，萨福身上似乎可以加上我们现在任何一个流行词，即使数千年之后，她仍然先锋，仍然独特。

但是，我们永远无法去揣测萨福的声音，因为她离开我们太久了。听着七弦琴声，读她留下的诗句，尝试用心去走近她，走到莱斯沃斯岛那个大理石筑成的小园子，闻着肉桂的芳香，听她吐露对爱情的热烈……但是我们怎么也看不清她的面容，那么模糊，却又那么生动。只有她仿佛在跟我们说："我相信人们在别的时代会记得我们。"

45

GREECE

爱琴海慢生活

    从前书信很慢，车马很远，一生只爱一个人。木心先生曾经描述的《从前慢》中的风景，在如今现代化的生活里已经难以一见。然而在爱琴海边上，我们发现这种慢生活依然是人们的主旋律。

    或许是得益于静谧宽广的爱琴海，抑或是得到来自古希腊众神的眷顾，不管是本地人还是外地人，但凡在这里生活居住久了，都变得悠然自得。希腊一年大约有250天是晴天，阳光明媚，让人心情愉悦。

希腊人的一天可谓是既繁忙又悠闲。许多人以为希腊人很懒散，其实不然。早晨太阳升起，人们会用一杯香浓的希腊咖啡和香喷喷的面包开启美好的一天。通常工作到下午两三点，他们才到午餐时间。有些工作繁忙的，则会简单地买个三明治解决一下。傍晚五六点，人们纷纷下班回家与家人团聚又或者与朋友聚会，还有很多人会去参加各种各样的艺术活动。当然，也有不少希腊人会加班到晚上七八点。有意思的是，不少店铺和药房都会在下午午饭后关门大概两三小时，尤其是夏日午后特别炎热的时候，然后在傍晚时分再营业，据说这是为了回去小憩一会儿。

希腊人的晚餐通常在晚上八九点，对于他们而言，这不仅是晚餐，也是与家人沟通的重要时间。晚饭后，不少希腊人还会选择去看一场戏剧演出或者听一场音乐会，特别是临近周末，各个剧场和音

乐厅总是人满为患。对于他们而言，工作很重要，但永远没有家人和艺术来得重要。

家庭观念很强的希腊人通常都会将周日留给家人和亲朋好友。周日的饭点，如果你行走在住宅区，总会听到从两边楼上传来的一家人说笑声。不少希腊人家的阳台都很宽敞，仿佛要拼命吸收那源源不断的灿烂阳光。他们总爱和家人一起在阳台晒太阳、看日落、看云起云卷，喝着咖啡谈天说地，分享地中海独有的美食。

希腊人的吃饭习惯与不少欧洲城市不大一样，他们喜欢围坐一桌，共同分享食物。在他们看来，吃饭不仅是填饱肚子，也是大家宝贵的团聚畅谈的美好时光。通常一顿饭吃下来要两三个小时则是再正常不过，是的，就是慢慢的。

此外，希腊人每年的年假时间也不短。圣诞、复活节和夏季假期加上零碎的假日，基本上工作几个月就可以有一次小小的悠长假期。特别是在夏天的七八月，整个雅典几乎成为"空城"，因为很多

希腊人都会休假，带家人一起去岛上度假。他们通常会选择到自己的岛上度假屋，一待就是半个月到一个月，在那里他们的生活模式更为简单：与家人一起睡个懒觉，共享早午餐，然后去海边游泳、看书、晒太阳。在他们看来，度假就是要好好休息，与家人朋友欢聚，感受上帝对他们的馈赠，而非忙忙碌碌地去新地方打卡。面朝大海，春暖花开，对于希腊人来说是生活的常态。

  据不完全统计，希腊有数千座岛屿。相比

城市，岛上的生活更为随意自在。店铺的开门时间经常让人捉摸不定，很多时候东西卖差不多了也就提早关门了。人们更愿意花时间煮一杯希腊咖啡，朝着大海，晒着太阳发呆，又或跟朋友们侃天侃地。茶余饭后，希腊村民经常会兴致勃勃地围成一圈唱歌跳舞。要知道在希腊，几乎人人都是艺术家，唱歌跳舞样样擅长。

　　希腊的孩子们很幸福，从小在海边长大，沐浴着灿烂的阳光。每天至少有两三小时的户外活

动时间。他们很少有补不完的语数外辅导班,也没有各种来自家长安排的艺术班,更多的是跟邻里小孩的嬉戏打闹,在公园里野餐翻滚,抑或到学校参加各种释放多余能量的体育活动,或者是跟爸爸妈妈去听音乐会。

在希腊生活久了,就会经常听到有人说"Siga siga",翻译过来的意思就是"慢慢来"。当然凡事没有绝对的好处,这点在希腊的公共部门办事效率上表现得淋漓尽致。通常在公共部门办事,不仅需要早早去排队,还要耗费好几个小时的时间。

这世界上本无十全十美的事情,关键在于看待事情的方式。生活在爱琴海边,你会自然而然地变得从容、淡定,更学会了用幽默的方式看待问题。这就是爱琴海的慢生活。这种慢生活是健康的,是阳光的,是欢乐的。

神话的国度

几乎每个小孩子都看过希腊神话,这也基本上是我们对希腊所拥有的最初印象。第一次来到希腊的时候,我们还以为这里的人们依旧信奉着宙斯、阿波罗和雅典娜,但实际上,上千年前东正教已经成了希腊的国教。

不过,在希腊这片土地上,处处可见到神话留下的踪迹,而希腊人实际上也依然对古希腊众神怀着崇敬和尊重之情。

从雅典开始，看过了卫城上的帕特农神庙和伊瑞克里翁神殿，去过了苏尼翁角的海神庙，走过了宙斯神殿和古市集，我们经过德尔菲的阿波罗神庙，去往奥林匹斯山。在迈锡尼，我们见到阿伽门农重整大军，与斯巴达国王麦尼劳斯带领希腊联军前往特洛伊。在克里特，我们见到了宙斯长大的地方，见到了传说中的米诺斯迷宫，米诺陶早已不知踪影。在提洛斯，至今没有人类居住，只因这里是太阳神阿波罗和月亮神阿尔忒弥斯的出生地。整个希腊的土地上，无处没有神话故事，随处可以听到当年的神谕和呼喊。

　　希腊的历史几乎就是一部神话，毕竟最初无

论是《荷马史诗》和赫西俄德的《神谱》，抑或希罗多德的《历史》，都记载了大量的神话故事，实际上前两者正是使希腊神话成体系之作。

《荷马史诗》有两部，写下了两个10年。第一个10年，《伊利亚特》让我们记住了特洛伊战争，一场因为美人或者严格来说因为一只金苹果引发的战争。当然历史如何评说，自不如故事美丽。第二个10年，献计攻破特洛伊的奥德修斯在《奥德赛》里漂泊海上，回家之路漫漫，所幸其妻佩妮洛普对他有着坚定的信念，最终团圆。这两部史诗都堪称西方文学的奠基之作，从字里行间，诗人荷马为我们构建了希腊神话的世界。

从小习惯了中国的神仙高高在上、品德高洁，突然接触到希腊的神会特别不适应。他们怎

么都跟凡人一样，有着七情六欲、喜怒哀乐，不是说神仙不能有感情吗？这正是希腊的神独特的地方，他们个性鲜明，会妒忌、会愤怒、会犯错、会悲伤，而且他们与人类同形同性。要说他们与人类的不同，或许就是可以永生吧。这正是希腊的神独特之处，在希腊人的眼中，神是完美的人，而人则是不完美的神。

　　正因为如此，希腊神话读起来会让人津津有味，那些神都很有趣。后来到了文艺复兴时期，大量的题材都是来自古希腊神话。自中世纪以来死气沉沉的压抑氛围，或许只有闪耀着人文光辉的希腊神话才可以打破吧。

　　或许是因为希腊的阳光和大海，希腊众神也大多光明健康，他们生活在古希腊人之中，领导着或者影响着他们的生活，各种各样的故事在神与人之间发生。他们常常从奥林匹斯山来到人世间，驱散人世间的黑暗和恐惧。甚至他们还为古希腊人带来了酒神狄奥尼索斯，在继承了太阳神阿波罗的理性之后，古希腊人又获得了酒神的热情。尼采说过，酒神的热情可以让古希腊人有勇气直面人生的痛苦。在酒神的精神里，希腊诞生了戏剧。

希腊的神，终究是完美的人。

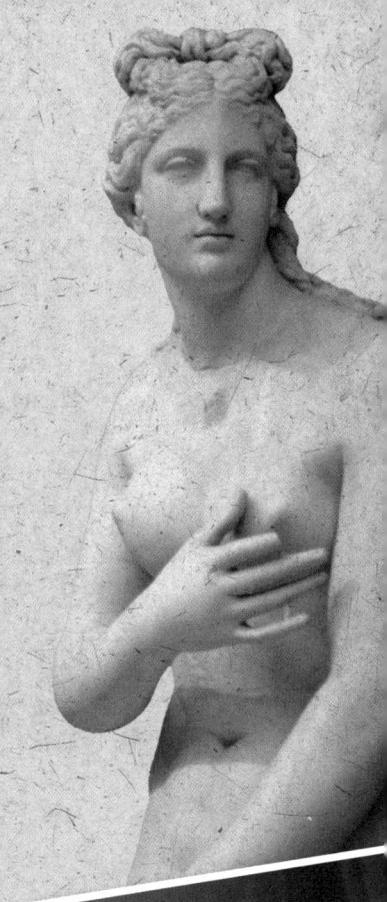

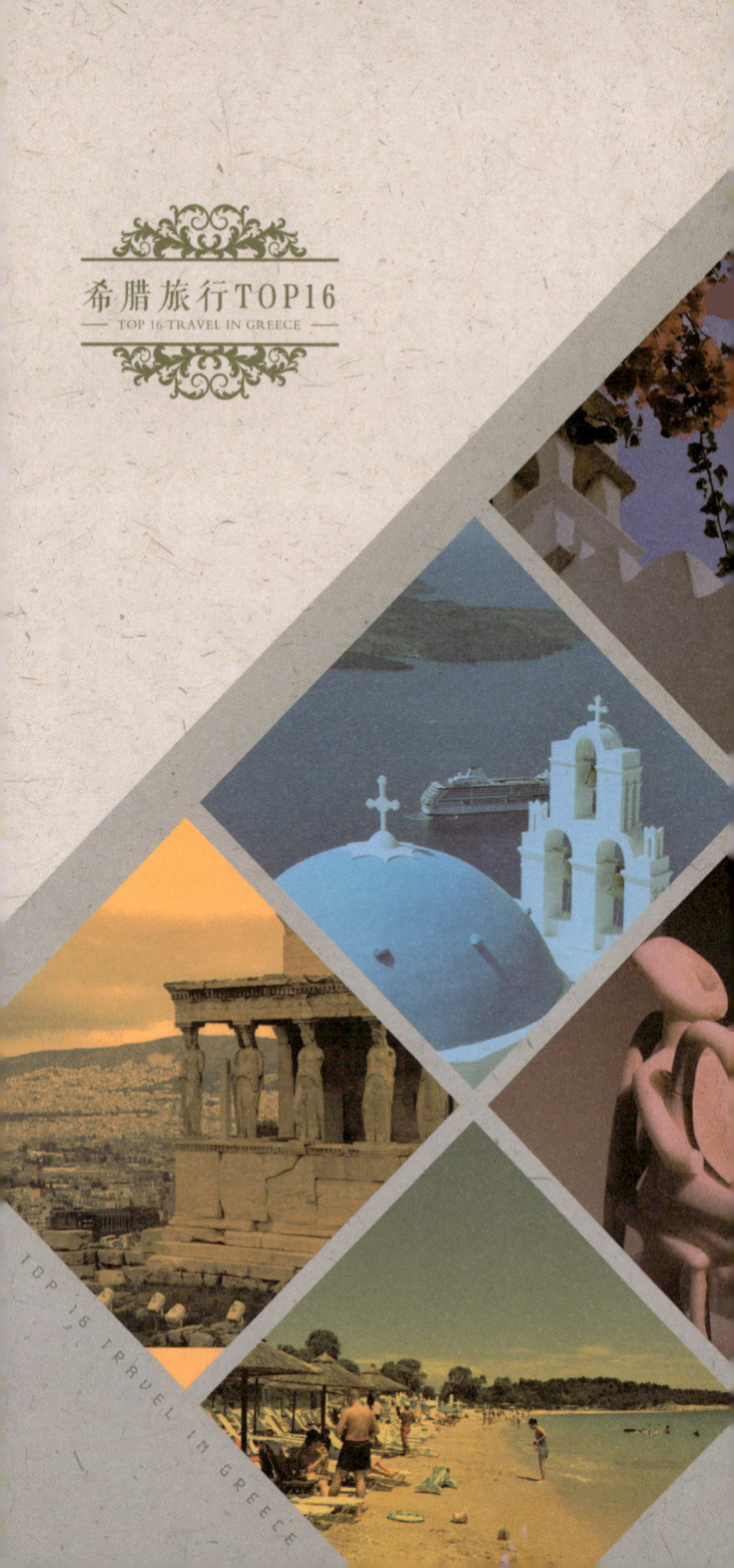

希腊旅行 **TOP16**
TOP 16 TRAVEL IN GREECE

TOP 16 TRAVEL IN GREECE

雅典卫城
欧洲从这里开始

　　似乎与其他闻名于世的首都城市不同,作为世界上最古老城市之一的雅典很有些特立独行,在这里你几乎看不到高楼大厦。这会让人有一种错觉,似乎这里的建筑与这个城市的身份不太匹配。这其实是源自数千年前希腊的一个"规矩"——雅典城内任何建筑都不能比卫城高,要确保在城里任何地方都能看到卫城,因为那是供奉守护神智慧女神雅典娜的圣地。

　　这个"规矩"传承至今。曾有很多次在卫城附近要建设高层建筑,都受到了雅典民众的强烈反对，卫城在雅典人的心中一直是最神圣的所在，是雅典人的精神图腾。

卫城的意思是"高处的城市"。要清楚的是，卫城并不是雅典所独有，希腊有很多城邦都有卫城，以作为政治和宗教的中心，遇到战事又可以作为指挥中心和避难所。但是雅典卫城的地位是独一无二的，堪称人类文化艺术的巅峰。卫城上的建筑群令整个世界震撼，历经两千多年的沧桑，如今剩下的仅仅是断壁残垣，即便如此，这里仍然是人类文明的圣地，每天无数人从世界各地赶来朝圣。

在卫城门口写着这么一句："欧洲从这里开始！"（EUROPE STARTS HERE！）多么豪迈大气的一句话！的确，欧洲的文明从这里开始。这里孕育了民主、哲学、戏剧、科学、艺术等等，而这些构成了我们人类的文明社会。称其为欧洲文明的根基，毫不为过。

卫城在雅典最著名的执政官伯里克利的命令下开始用大理石修复，希波战争的胜利让雅典城邦无比强大，

在提洛同盟中绝对的领导地位让雅典可以投入大量的资源和建筑人员来建设这个前所未有的伟大建筑。卫城是雅典城邦强大的象征。

随着人流拾级而上，踩着已经因无数游人踩踏而磨得光滑的大理石，穿过似乎摇摇欲坠的山门，还来不及喘息，眼前出现的神庙让人不禁屏住呼吸，耳边的风声似乎带来了古希腊人的话语，他们在跟我们说着雅典娜的故事。

他们告诉我们，雅典娜曾经居于此地。在与波塞冬的争夺之后，当橄榄树植根于贫瘠的土地，为雅典人带来了生存的希望，她得到了雅典人的支持，成了这座城

邦的守护神。古希腊最伟大的雕塑家菲迪亚斯亲手雕刻了雅典娜女神像,高达11米,身着黄金盔甲,手持盾牌,盾牌中盘一条巨蛇,右手上站立着胜利女神。雅典人相信雅典娜女神庇护着这座伟大的城邦,当走在大街小巷里,抬头看到卫城上耸立的帕特农神庙,会感到无比心安。

然而数千年的风风雨雨中,卫城经历了多少苦难。波斯人和土耳其人的侵略占领对卫城造成了极大的破坏,雅典娜雕像也不知所踪,甚至土耳其人将帕特农神庙改成了清真寺,又用来存放军火弹药,结果在战争中弹药爆炸将神庙毁于一旦。

沧海桑田,凝望着古代雅典城邦的复原图,看着那鳞次栉比的卫城建筑,你会忍不住痴痴发呆。历史是残酷的,又是慷慨的。我们无法再见到卫城最辉煌的样子,却幸运地至少还能来这里听着风吹过神庙大理石柱的声音。

当雅典娜与波塞冬握手言和的时候,雅典人为他们共同建造了一座神庙,也就是帕特农神庙旁边的那座伊瑞克里翁神庙。这多么有趣,即便在选择了雅典娜成为守护神之后,雅典人仍然要让波塞冬不会感到失落,因为雅典人经常要出海呀,得罪了海神可怎么办。

伊瑞克里翁神庙最吸引人的,是那几个风姿绰约的女像柱，据说其中有很巧妙的建筑美学设计，每个女子都不相同，为神庙带来柔美的气质。现在我们看到的女像柱都是仿品，真品分别在卫城博物馆和大英博物馆。

有不少人会在走下山门之后，才发现刚刚忽略了卫城上现存的第三座神庙。确实那座神庙不太引人注意，但它并不简单。站在山门台阶上，抬头向右上方望去，会看到一座小小的神庙，不同于帕特农神庙的多立克式大理石柱的朴实无华，爱奥尼亚式大理石柱让这座神庙看起来有几分优雅。所有去过卢浮宫的人都一定会对那座镇馆之宝——胜利女神雕塑印象深刻，而眼前这个小小的建筑就是胜利女神神庙。在伯罗奔尼撒战争时期，雅典人为了祈求在与斯巴达人的战争中获胜，在卫城上建起了这座胜利女神神庙。

站在山门高处，俯视整个雅典城，清晰可见一处绿色之中隐藏着一座神庙，那里是古市集。我们仿佛看到了苏格拉底正在古市集里拉着路人说着这天地之间的哲理，看到了伯里克利正在为推动民主政治而忙碌，看到了拜伦正在蒙纳斯提拉奇广场附近的住宅窗前埋头写着他对希腊的爱……

NO.2 GREECE

国家考古博物馆
看尽希腊艺术

要说博物馆都是起源于希腊或许是无据可考,但是博物馆(museum)这个词起源于希腊语μουσείο,这恐怕没有人会否认。μουσείο的意思是希腊神话中掌管艺术的缪斯女神(Muse)的圣殿,所以博物馆正是源自缪斯女神(μούσα)。除了博物馆,音乐(music)这个词同样源于缪斯女神。

雅典这个城市规模不大,却有着大约80家博物馆,而拥有着21倍人口、35倍面积的成都拥有的博物馆数量却也相差不多。作为公共文化场所，博物馆对于城市文化的发展和市民精神生活的丰富有着无比重要的作用，雅典在博物馆方面的实践很值得我们参考。

博物馆的出现，最初是由著名的雅典执政官伯里克利构想出来的，那是一个巨大的公共艺术工程，包括了神庙、剧场和画廊等，将各种艺术作品陈列在这些公共建筑里展示给公众，这样就让雅典人有机会感受到最好的艺术，极大地提高了公众的艺术修养。这与我们如今对博物馆功能的定位如出一辙。

当身处卢浮宫或者大英博物馆的时候，我们会被其建筑之恢宏大气所震撼。但当你慕名来到同样位列世界十大博物馆之一的国家考古博物馆时，眼前其貌不扬的建筑让你停下脚步疑惑：不是走错地方了吧？

然而你若是就此判断这个博物馆名不副实，可就大错特错了。从你走进博物馆展厅的那一刻，眼前的阿伽门农金面具就会让你被深深吸引，这个制作于公元前1000多年的黄金面具非常精致，而类似的面具其实还有好几个，这都向我们展示着迈锡尼的高度文明。

一路走过去，两层展馆50间展室近两万件珍贵文物，让人不得不感叹国家考古博物馆不愧为世界十大博物馆之一，比之卢浮宫、大英博物馆毫不逊色。这是一个宝库，根本无法在一两天之内就看完，每一件藏品，都值得我们细细去品味。

这里的藏品最远可以追溯到将近9000年前，差不多就是公元前6500年。如果你不来到这里，根本想象不到在这片土地上曾经有过如此辉煌灿烂的文

明。这里主要集中了迈锡尼文明、基克拉泽斯文明、雅典文明等希腊主要文明时期的文物。无数的大理石、黄金、宝石、青铜器、陶器等材质的展品，会让我们在震惊之余，为人类有过希腊文明而庆幸。至今在我们的文明里，仍然有无数元素传承自希腊文明。无法想象，在几千年前的古希腊，已经有如此高超精致的工艺水平，而且经过了历史风雨，这些文物仍然保存得如此完好，这让我们在对希腊人心生羡慕的同时，也对我们自己的文明更加珍惜。

很多小孩子由老师或者家长带着来这里学习，可以想象他们从小就见到了这些人类最高层次的艺术之美，在他们的人生里一定不会缺失对美的认知和追求。这也许就是大多希腊小孩子艺术素养都相当不错的原因。

在国家考古博物馆，我们几乎可以看完整个希腊的文化艺术，那是一次"奢华"的文明艺术之旅。当走过这个其貌不扬的建筑时，不要再错过这个人类文明的宝藏。

NO.3
GREECE

克里特岛
寻找米诺斯文明

　　这是一片发生过无数神话故事的土地，也孕育了欧洲最早的文明，如果你不来到克里特岛，你永远想象不到在八九千年前，在东方文明刚刚起步的时候，这片土地和这片海域已经存在无比灿烂的文明。究竟是如何灿烂，真的要身临其境才有真实感受，走在克诺索斯王宫，又或者驻足于伊拉克里翁考古博物馆里，身心受到了从未有过的震撼，你会忍不住惊叹人类文明之伟大。

克里特岛是希腊最大的岛屿，位于爱琴海的最南端。传说宙斯爱上了腓尼基公主欧罗巴（Europa），于是变身为一只白色公牛，把公主拐到了克里特岛，并生下了三个儿子。欧洲（Europe）正是以欧罗巴的名字来命名。他们的三个儿子之一叫米诺斯，后来成为克里特岛的国王，这个文明就以米诺斯王的名字得名，并发展出了自己的文字，被称为线性文字A。克里特在米诺斯的带领下越来越强大，拥有了强大的舰队，纵横爱琴海，后世闻名的雅典城邦在当时还是臣服于米诺斯的。

19世纪时克里特岛仍然处于土耳其的控制之下，考古发现了迈锡尼和特洛伊的德国人海因里希·施里曼曾想对希腊神话传说中的克里特迷宫进行考察挖掘，但是这个行动直到19世纪末克里特岛重回希腊之后，才由英国考古学家亚瑟·埃文斯得以实现。在克诺索斯镇，一个埋在地下数千年的巨大宫殿

重现人世，这就是米诺斯文明在《荷马史诗》中被记载的迷宫，由此米诺斯文明也终于展现在世人面前。

克诺索斯王宫三面群山环绕，一面向海，站在王宫的广场上可以想象当年米诺斯王在这里命令其舰队向海洋进发。5000多年前，能够拥有建造海船的技术，这在世界上还是凤毛麟角。在王宫的墙壁上，大量的壁画上有海豚的图像，还有公牛、运动员等等。有一幅被戏称为"巴黎贵妇"的壁画上，女子们发型时尚、衣着鲜艳，放到现在的巴黎时尚界也毫不逊色。

要说起时尚，在伊拉克里翁考古博物馆里看看从克诺索斯王宫里挖掘出来的大量文物，就会发现几千年前的人们甚至比我们现在更时尚，他们手工制作的首饰美轮美奂，尤其是其中那只蜜蜂耳钉，让人无法相信当时仅凭手工可以制作出

那么精致的首饰。所以现在时尚界仍然会在这些传承几千年的文物里寻找灵感。

要逛完克诺索斯王宫还是需要花一些时间的，毕竟占地都达到了24000平方米，据说曾经整个王宫有多达1500个房间，通过楼梯、通道等连接，真的宛如迷宫。

这个迷宫的建造是为了关押一只叫米诺陶的牛头怪，那是在米诺斯王触怒了海神波塞冬之后受到惩罚的结果。他请著名的建筑师代达罗斯建造了这座迷宫，并把米诺陶关在里面。神话传说里记载，当时雅典国王埃勾斯（Aegeus）屈从于米诺斯王，每9年要进献7名年轻男子和7名年轻女子，供米诺陶食用。埃勾斯的儿子忒修斯为了终结雅典人的悲剧，于是前往克里特岛，在米诺斯王的阿里阿德涅公主帮助下，杀掉了牛头怪米诺陶。然而他在返回雅典的时候，却忘了与父亲的约定，没有把希腊人航海常用的黑帆换成白帆，这让每天在雅典最南端的苏尼翁角盼望儿子归来的埃勾斯以为儿子已死，于是跳海自尽了。后人为了纪念埃勾斯，把那片海叫作爱琴海（Aegean）。

在伊拉克里翁考古博物馆里转过了很多个展区，会发现突然走过一道门之后，米诺斯文明不见了！是的，突然这片土地上的文明消失了，反而退回到了米诺斯文明繁盛之前的状态，并就此几乎没有变化地缓慢发展了很久很久。在那道门上坐着，看着两边无法联系在一起的文明遗物，你会不敢相信历史竟然可以如此残酷。很想找到米诺斯人，听他们说说到底发生了什么。

有人说，是因为圣托里尼的火山喷发，引发了海啸，从而摧毁了米诺斯的舰队，而短时间内米诺斯无力重建规模巨大的舰队，从而失去了海上霸主地位，逐渐没落。这或许也就是柏拉图所说的"失落的亚特兰蒂斯"。

也有人说，是崛起的迈锡尼人南下来到了克里特岛，灭亡了米诺斯文明，这也是为什么在迈锡尼文明里能看到很多米诺斯文明的元素。

真实的原因没有人知道，一个曾经繁花似锦的灿烂文明，经过一个轮回归于寂灭，这怎么都让人唏嘘。只有克诺索斯王宫保留下来的那些墙壁，那许多的文物宝藏，还能让我们相信曾经有过这么一个文明的存在。

埃皮达夫罗斯古剧场
戏剧演员的梦想圣地

  如果要评出全世界戏剧演员们的圣地,那毫无疑问就是位于雅典南边不到两小时车程的埃皮达夫罗斯古剧场了。据说戏剧演员们的终极梦想,就是能够在这个古剧场演上一场。或许只是这样说你还没什么概念,但是当你拾阶而上,宏大的古剧场出现在你眼前的时候,你一定会明白。

  埃皮达夫罗斯古剧场建于公元4世纪,是如今希腊保存最完好的古剧场。真的难以想象当剧场里坐满14000名观众的时候,是怎样的壮观景象。实际上,每年的雅典和埃皮达夫罗斯艺术节期间,世界各地的观众慕名而来,每周的戏剧演出这里都是座无虚席。

穿过两侧的门廊,进去就可以看到一个圆形的舞台,这个舞台被叫作Orchestra,也就是现在"乐团"这个词的由来。两个门廊之间,原先有背景建筑,用作后台或者舞台,不过现在已经只剩下断壁残垣了。在圆形舞台周围傍山而建了两层观众席,上层21排作为当初普通民众的座位,下层34排则是牧师和统治者的座位。每次演出入场和退场都需要很长时间,不过观众们总是会非

常有序地排队入场和退场，然后再走下长长的台阶，直至下山。

　　古希腊时期戏剧演出是没有音响的，而要让全场10000多名观众都能听清楚演员的声音，那就必须对剧场的结构做一番设计。实际上，无数人做过同样一个实验，就是在圆形舞台中央让一枚硬币落到地上，结果坐在最后一排的观众都可以听到声音。古希腊人对于声场的认知和研究让人叹为观止，这是在现代的室内剧场里体验不到的独特感受。

当然埃皮达夫罗斯古剧场的神圣并不仅仅是因其建筑令人震撼，更是因为其在戏剧史上的意义。自建成起，剧场就用于戏剧和音乐演出。同时埃皮达夫罗斯还是古希腊医药圣地，供奉了医药神阿斯科利皮欧斯，古希腊人在这里不仅建造了古剧场，还建造了古运动场、神庙、医疗所、祭坛等，形成了一片建筑群。戏剧在古希腊人看来不仅仅是舞台艺术，还是心灵净化疗养的有效方式。在古希腊戏剧里，古希腊人思考着人性、命运、世态炎凉。他们来到这里观看戏剧、锻炼身体、治疗疾病，净化身心。

到了20世纪初，希腊人对于克诺索斯、迈锡尼等古希腊遗址产生了争论：究竟是应该重建并且使用这些遗址，还是维持考古发掘的样子供人们参观。这也是发生在世界上很多地方的争论。雅典大学的米斯特利欧提斯教授向教育部提出在埃皮达夫罗斯古剧场演出古希腊戏剧，却没有获得批准。因此很长一段时间里，埃皮达夫罗斯古剧场在考古发掘之后，没有能够再投入使用。

时间一直走到1938年9月11日下午5点半，在埃皮达夫罗斯古剧场上演了20世纪以来第一场演出，由著名希腊女演员、奥斯卡奖得主帕辛欧出演索福克勒斯的《厄勒克特拉》。这之后的很多年里，只有希腊国家剧院才能在这里演出，即使在1954年埃皮达夫罗斯戏剧节创立之后也是如此。直到20世纪70年代后，尤其是80年代，才开始出现来自不同团体、不同风格的戏剧演出。戏剧的演出形式越来越多样化，既有对古希腊戏剧的传承，又有在内容和场地方面的创新。

如今每年夏天，埃皮达夫罗斯就会变成全世界戏剧爱好者的天堂，无数人来到这里，住在附近的小镇，一场接一场地看过去，无比享受精神上的盛宴。全世界最优秀的戏剧导演和演员都汇集于此朝圣，山谷之间的古剧场依然承托着人类文明的希望。

NO.5

GREECE

迈锡尼遗址
从神话来到现实

在古希腊神话里，由一颗金苹果引出了特洛伊王子和斯巴达国王，继而出场的便是威名流传的迈锡尼国王阿伽门农。在埃斯库罗斯的戏剧里，阿伽门农是当之无愧的主角，当初正是他率领着希腊联军浩浩荡荡地征战特洛伊，夺回斯巴达王后、希腊最美的女人海伦。

迈锡尼是希腊大陆上第一个崛起的文明，据说在五六千年前已经繁盛一时的米诺斯文明，也是灭亡于迈锡尼人之手。迈锡尼人继承了米诺斯文明，在伯罗奔尼撒半岛建造起了类似米诺斯王宫的宫殿，工艺品和艺术品也大量出现，尤其是黄金制品、象牙制品和陶器。宫殿里设施完善，至今在遗址里还可以沿着一条狭小的通道深入地下，于一片漆黑中到达当初的蓄水池。

来到这个位于伯罗奔尼撒半岛东北部阿戈斯平原上的遗址时，会发现迈锡尼城的选址与米诺斯王宫如出一辙，都是在群山环绕的山谷之中，然而地势相对高出平原，如此就易守难攻。尽管迈锡尼本身并不靠近海边，但是其文明中商业贸易与航海技术却同样发达，可以相信这些也应当是继承自米诺斯文明。也正因此，后来远征特洛伊才具备了必要的条件。

当然迈锡尼人与米诺斯人终究是不同的。米诺斯人崇尚自然，在绘画、陶器等工艺品中，自然元素为多。而迈锡尼人崇尚武力，生性好战，因而在保存下来的文物中我们更多看到的是战争场面。他们征服了克里特的米诺斯，又继而征服了特洛伊城，并把势力扩展到小亚细亚地区和如今的意大利南部地区。

迈锡尼遗址中最让人印象深刻的便是入口那高达3米的"狮子门",两只威严的狮子象征着迈锡尼人的精神。这里的城墙厚达7米,平均重量为5~6吨,据传是当年由神话里的独眼巨人库克洛普斯帮他们建造。据考古鉴定,狮子门和城墙的建造大约是在公元前1250年。

在遗址附近有几处墓穴,其中一座据说就是阿伽门农墓。墓穴构造特别,入口有一条长达36米的通道,通道尽头是长方形大门,墓穴主体呈圆锥形,由无数块大石头堆砌而成。墓穴里光线昏暗,仅有从大门照进来的光线。墓穴内空间很大,

高达13.4米，曾经这里就是墓葬仪式的举办地。置身这个空间里，即使已经历了3000年的风风雨雨，我们仿佛仍可以看到阿伽门农的身影和他的悲剧。

　　文明总有兴衰。迈锡尼文明辉煌一时，然而在公元前12世纪左右开始衰落，最终仅仅存在于希腊神话和《荷马史诗》中。后人竟然无法确定迈锡尼文明是否真正存在过，直到1876年，德国人海因里希·施里曼发掘出了迈锡尼遗址，才让迈锡尼从神话中来到了现实。

NO.6 GREECE

奥林匹亚
奥运圣火，和平盛会

每一届奥运会的圣火采集，都开始于希腊伯罗奔尼撒半岛西北部，至今仍然受世人瞩目的古奥林匹亚。奥运会已经成为全人类的盛事，也是最重要的国际赛事，其起点就是在这片土地上。1000多年前的393年，古希腊奥林匹克运动会正式开始，希腊各城邦派代表队前往参加。当时除了竞技比赛，还包括了宗教仪式、艺术表演等，而这渐渐就形成了奥林匹克运动会。

当时的运动会是为了祭祀以宙斯为首的奥林匹斯诸神，尤其在公元前5世纪左右的希腊古典时期，希腊人在奥林匹亚建造了大量神庙，其中最著名的就是宙斯神庙。神庙中的宙斯神像与雅典卫城帕特农神庙的雅典娜神像出自同一位雕刻家之手，那就是菲迪亚斯。这座宙斯神像无比巨大，头顶黄金橄榄枝环，右手托着黄金象牙制成的胜利女神像，左手握着权杖，权杖上站着神兽老鹰。甚至其宝座都是由黄金、象牙、青铜和宝石做成，各种神话故事镶刻其上。然而，这座被列为世界古代七大奇迹之一的宙斯神像，于395年被运往君士坦丁堡，并于475年毁于大火。

于是在奥林匹亚我们再见不到宙斯神像，在雅典再也见不到雅典娜神像。两件艺术珍品，都消失在历史长河里。

雕塑家菲迪亚斯的工作室也位于此处，唯有工作室里发掘出来的各种工具和残片是当初宙斯神像仅存的见证者。这里还发现了一只小陶罐，上面刻着一些字，"我属于菲迪亚斯"，似乎他只是暂时出门了，在陶罐上的是给我们的留言。

整个奥林匹亚建筑群非常壮观，绿树环绕。然而断壁残垣却在告诉我们，曾经的气派早已过去，剩下的唯有奥林匹克精神。站在长方形的训练场和竞技场，眼前仿佛又出现了那些全裸身体的运动健将们，他们在身上

抹橄榄油，随着号声响起飞快地向终点跑去。

你可知道，古希腊奥林匹克运动会第一届的冠军竟然是位厨师。在古希腊，并没有专门的运动员这个职业，每个成年男子都可以成为运动员。希腊人追求成为全面的人，一位公民可以同时是运动员、音乐家、政治家等等，同时还是一家之主，要负责养家糊口。而只会单项技能的是怎样的人呢，古希腊人告诉你：那只能是奴隶。奴隶会被训练专门精通于某一项技能，而非"全面的人"。

那个时候奥林匹克运动会冠军也没有奖杯或者奖金，得到的荣耀仅仅是一个橄榄枝编成的花环。然而这就是古

希腊人所追求的光荣,会受到人们的拥戴。在奥运会期间,所有的城邦都必须停战,并派代表队来参加赛事。奥运会成了一项和平盛事。

遗憾的是,到了393年罗马帝国统治时期,奥运会因被认为是异教徒活动而停止。时光一路走到1896年,在顾拜旦的倡议下,才重开奥运会,并在雅典举办了第一届现代奥林匹克运动会。然而,历史已经走过了1500年。

唯有奥林匹克精神,流传至今。圣火在奥林匹亚点燃,一路传送给全世界的人们,带给世界勇敢、光明、团结和友谊。

NO.7
GREECE

德尔菲
世界肚脐，神谕之地

希腊神话里，宙斯为了知道世界的中心在哪儿，让两只鹰从世界的两个极点相向而飞，然后看它们相会的地方，那就是世界的中心，被命名为"Omphalos"，即"大地母亲的肚脐"。这个"肚脐"就是德尔菲。

剑桥大学的斯考特博士曾经形容德尔菲集聚了梵蒂冈的宗教力量、世界杯的宣传效应、"瑞士银行"的财富以及世界上所有博物馆的历史重要性。这分别是指阿波罗神殿、皮提亚竞技会、各城邦的宝库和考古博物馆。

阿波罗的母亲勒托怀上宙斯的孩子后，遭到了天后赫拉的嫉妒，赫拉派一条叫皮同（Python）的巨蟒袭击勒托，追得勒托无处栖身。后来她在海神波塞冬的帮助下才逃到一个荒岛上，产下了孪生双胞胎，也就是太阳神阿波罗和月亮女神阿尔忒弥斯。这个荒岛就是至今都不允许凡人居住的提洛斯岛。阿波罗长大后决定为母亲报仇，化作海豚，带着克里特的船员们，随海浪来到德尔菲，终于在这里消灭了巨蟒皮同。德尔菲（Delphi）之名就由海豚（希腊语发音为Delfini）而来。

作为世界的中心，德尔菲修建起了宏伟的阿波罗神庙，成为古希腊的宗教中心。古希腊人在需要作出重大决定的时候，比如战争，会来到这里向阿波罗神祈求神谕，并且不得违背神谕。女祭司会以她独有的方式代虔诚的人们向阿波罗发问，并返回以阿波罗的谕旨。著名的古希腊戏剧《俄狄浦斯王》里，俄狄浦斯就是在德尔菲得到阿波罗的神谕，得知他将会杀父娶母，所以才远走他乡去往了忒拜。

而"世界杯的宣传效应"是指在古希腊并不只有奥林匹克运动会，其实德尔菲也在举办皮提亚竞技会（Pythian

Festival），这是古希腊四大周期性赛事之一，规模上仅次于奥林匹克运动会，同时也是祭祀阿波罗神的活动之一，其名称正是来自那条巨蟒皮同（Python）。在德尔菲遗址一直走上去，经过阿波罗神庙，再经过古剧场往上，就可以看到古运动场。

在入口和阿波罗神庙之间，是一段神圣大道。我们还可以看到一座小小的大理石建筑，原来这竟然是雅典宝库。据说当初还有其他城邦的宝库，每个城邦过来祭祀阿波罗神，都会带大量财物来此，并贡献于国库中或者神圣大道旁。难怪说这里堪称"瑞士银行"，确实相当于各个城邦的银行。

就历史重要性而言，德尔菲不仅有阿波罗神庙、雅典娜神庙、雅典宝库、古剧场、古竞技场等大规模的遗址，而且考古发掘出了数千件珍贵文物，收藏在考古博物馆里。在整个人类文明史上，正如其"世界中心"的地位，德尔菲都拥有极其重要的历史意义。

站在德尔菲的古剧场边，背靠雄伟的帕那索斯山，面向远处的伊泰亚海湾，漫山遍野的橄榄林点缀其间的小镇，这就是"世界的肚脐"！

NO.8
GREECE

迈泰奥拉
天空之城，隐修圣地

第一次听到宫崎骏的《天空之城》，一直以为那只是存在于幻想之中，人世间怎么可能存在天空之城呢。直到来希腊之后才知道，原来在700年前，希腊中部的大山里就已经诞生了真正的天空之城。

这个天空之城的真名是迈泰奥拉（Meteora），在希腊语里就是"悬浮在空中"的意思。实际上，宫崎骏当年的创作灵感就来自于此。说起来日本有不少著名的动画片作者都受到希腊文化的启发，比如我们小时候都看过的车田正美的《圣斗士星矢》。"迈泰奥拉"这个名字还曾被用于摇滚乐队林肯公园在巅峰时期的唱片，他们为迈泰奥拉的鬼斧神工所震撼，激发了创作灵感并以此地名命名唱片。

迈泰奥拉的地形非常奇特，属于色萨利地区靠近品都斯山脉的石林地貌，这是在千万年前的地壳运动和风化中慢慢形成的。11世纪开始，有一些隐修士开始在这里的天然山洞里修行，远离尘世。而到了14世纪末，随着奥斯曼土耳其的入侵，更多的修士来到这里，他们以坚强的毅力奇迹般地在高耸的崖壁上修建了24座修道院，据说最初交通不便的时候，修士们是通过绳索攀岩而上，以双手和简陋的工具在悬崖上建造起这些修道院。这样的过程对于他们来说，也同样是修行。如今仅存的6座修道院，均矗立在至少高达373米的悬崖上，修道院里仍然居住着修士们。这6座修道院均被联合国教科文组织评定为世界文化遗产。

这6座修道院里最壮观的就是大迈泰奥拉修道院（Holy Monastery of Great Meteoron），海拔613米，修建于1356年，经过逐渐扩建，现在里面包括了博物馆、教堂、酒窖等区域。从大迈泰奥

拉修道院向下望去，就是这6座里最美的瓦拉姆修道院（Holy Monastery of Varlaam），耸立在一座大石柱上，宛若置于仙境。这里也有修女院，比如圣斯戴芬修道院（Holy Monastery of St. Stephen），有近30名修女在此修行。另外还有一个修道院，是曾经007电影——于1981年拍摄的《最高机密》（*For your eyes only*）的取景地，这就是圣三位一体修道院（Monastery of Holy Trinity）。

在瓦拉姆修道院东北方向有一个观景台，可以看到整个天空之城的全景，大自然的想象力在眼前展露无遗。

天空之城自然非我等俗世中人可以居住，不过山下有两座小镇卡拉巴卡和卡斯特拉基，都可以让我们安心住下。当夜幕来临时，那些耸立的的山峰都幻化成黑影，几座修道院也都隐身于黑幕之中，一切归于宁静。

NO.9 GREECE

圣托里尼
不只有蓝白教堂

　　基克拉泽斯在希腊语里的意思是"圆圈",得此名缘于希腊大陆东南方的220多个海岛无意中形成了一个圆环状岛链,如同一串珍珠镶嵌在爱琴海中央。这其中有30多个海岛有人居住,实际上四五千年前这里就已经有人类活动,最初是克里特人,后来是迈锡尼人,再又是多里安人,最后是爱奥尼亚人。

　　这些海岛有一个共同特点,也是我们对于希腊最初的印象，就是蓝白色的建筑。其实并不是全希腊的建筑都是蓝白色，这是属于基克拉泽斯的风格。据说当初奥托国王召集来自基克拉泽斯诸岛的工匠，在卫城脚下修建房屋，工匠们就把自己居住的房子装饰成了蓝白海岛风。

基克拉泽斯诸岛中最出名的莫过于圣托里尼。甚至很多人把希腊与圣托里尼画了等号，实际上希腊的风情不仅于此。圣托里尼的建筑大多是蓝白色，尤其是登上《国家地理》杂志的蓝白教堂，让人心生向往。

站在费拉镇附近悬崖边被誉为"最美"的栈道上，心胸不觉也更开阔。最初的圣托里尼岛其实是

圆形，但在几千年前的那次火山爆发中，海岛几乎有一半沉入了海底，圆月变成了半月。现在火山仍然是活跃的，只是处于休眠期。当初的火山爆发让已经开始有人类居住的南部阿科罗提利小镇被岩浆覆盖，直到数千年之后考古发掘时，小镇房屋和街道依然保留着岩浆来临前那一刻的样子。后人推测，这或许就是柏拉图所说的"失落的亚特兰蒂斯"。

据说那次火山爆发甚至影响了当时正盛极一时的米诺斯文明，"副产品"海啸让米诺斯的船队遭到重创，而米诺斯由于无法在短时间内重造船队，失去了海上霸权，逐渐走向衰落。

经过了多次火山爆发和地震，圣托里尼成了爱琴海上最独特的海岛，其独特还在于如今岛上的居民大多是艺术家。他们夏天的时候来到岛

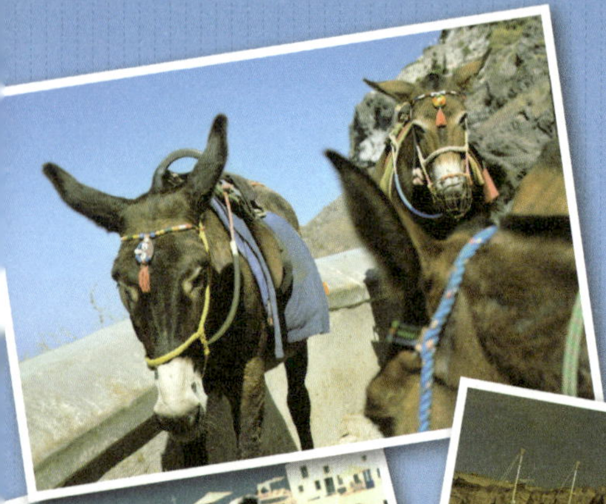

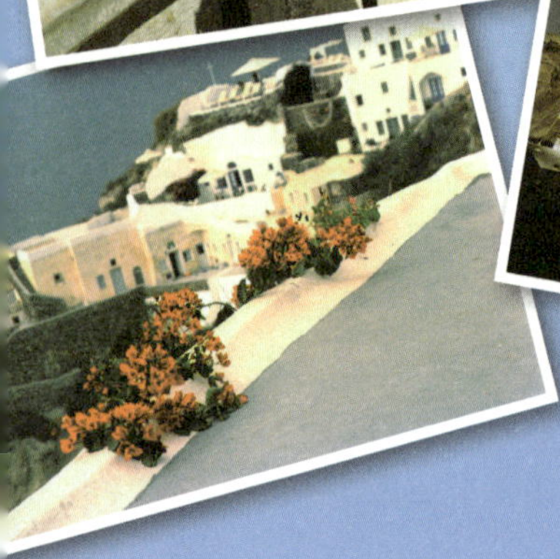

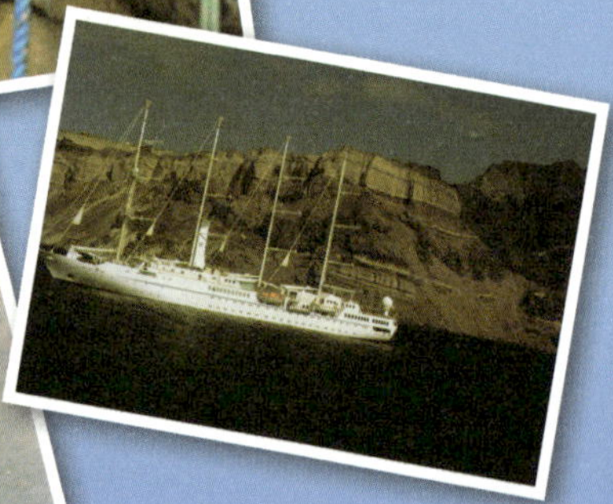

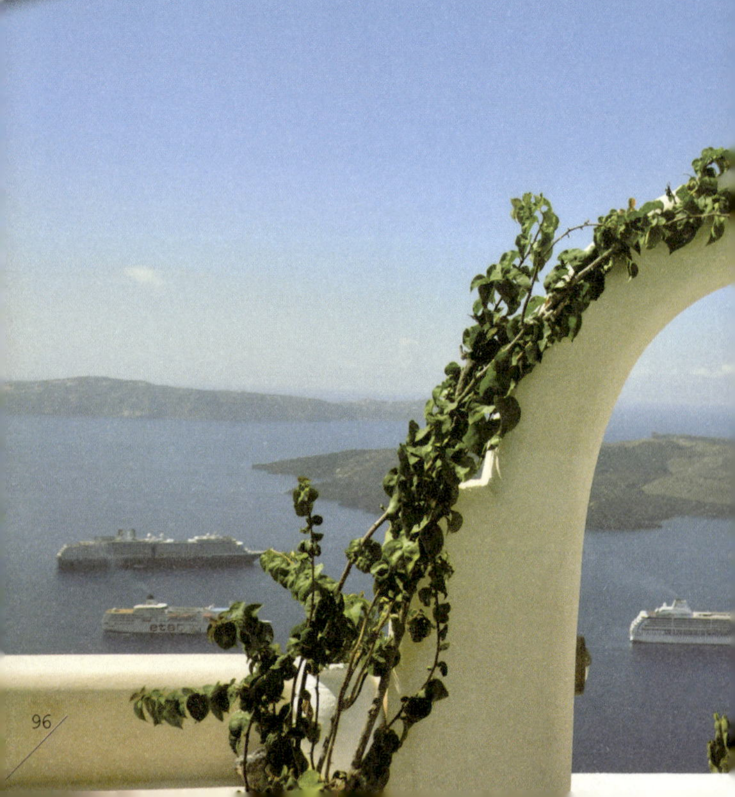

上，创作之余也向来自世界各地的游客介绍他们的作品。当你走在费拉或者伊亚的小路上，可能以为两边的小店也就如其他旅游景点的那些纪念品店一样，但实际上，这些小店有很多都是艺术家自己的工作室。如果留个心，多去与艺术家们交流，你会发现一个不一样的圣托里尼。

除了历史、艺术和美景，圣托里尼还出产高品质的葡萄酒。在这里可以见到古法种植的葡萄树，不同于常见的挂藤，这些葡萄树长在地上，而且卷成鸟巢状以抵挡海风。其中不少葡萄树已经有几百年的树龄，富含火山岩的土壤和常年灿烂的阳光，让这里成为世界文明的葡萄酒产地。

爱琴海的暖风吹拂，三角梅红艳地掩映在白色的墙壁和蓝色的木门间，碧蓝的海水拍打着红褐色的火山岩石，坐在悬崖边品尝数百年古老葡萄树上摘下的葡萄酿造出来的葡萄酒，这里就是圣托里尼。

NO.10 GREECE

纳夫普利翁
希腊独立的象征

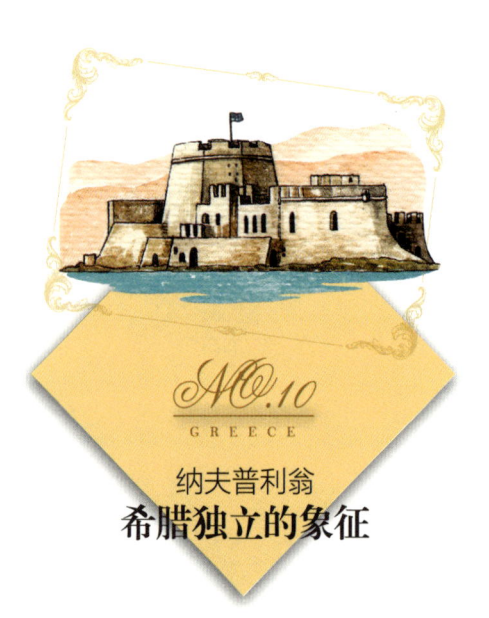

有多少人知道，现代希腊共和国最初的首都竟然不是雅典，而是伯罗奔尼撒半岛上的一个小城市，纳夫普利翁。从雅典出发一路向南，经过科林斯运河和阿戈斯城，两个小时左右就可以到达纳夫普利翁。这里有着优良的港口，老城的南侧有一座山丘，上面耸立着纳夫普利翁的卫城——也被称为阿克罗纳夫普利亚（Akronafplia），护卫着这座"伯罗奔尼撒半岛最美的城市"。

漫步在老城，色彩鲜艳的建筑会瞬间带给你南欧小镇的风情，各种各样有趣的小店遍布其间，随处可见餐馆、咖啡馆和酒吧，很有探险的乐趣。在城中心有一个广场，也叫宪法广场，没错，和雅典市中心的宪法广场同名。甚至这儿也有一座议会大厦，是当年奥斯曼人留下来的清真寺建筑。

除了传统希腊风格和清真寺建筑，这里你能感受到更多的是18世纪威尼斯风情。如果住在小小的酒店里，坐在无比狭小的阳台上，喝上一杯咖啡，看着下面川流不息的人群，日光斑驳间似乎浪漫的气息在整个城市上空飘荡。

穿过整个老城，眼前突然一片开阔，爱琴海和远处的大山在眼前铺开。酒蓝色的海水荡漾着，不时会有巨大的货轮从海面上驶来，停靠在另一侧的港口。海中央一座孤零零的城堡，是威尼斯人于1473年修建的军事要塞，被称为布尔奇（Bourtzi）。时至今日，城堡仍然静静地停留在水中央，守护着不远处的小城。

老城的东边是新城，背靠着帕拉米迪山。山上有一座帕拉米迪城堡，建于1686年至1715年，其名字来源于海神波塞冬的孙子帕拉米德斯。城堡里有8座要塞，上到要塞需

要迈上将近千级台阶，除了军事防卫，这里也曾经是关押犯人的监狱。独立战争的时候，希腊人就站在这里抵抗土耳其军队，双方相持一年多。

这么浪漫的小城，曾经是希腊独立的象征。1830年，《伦敦条约》签订，确定了希腊正式独立，并定纳夫普利翁为独立希腊的第一个首都。所以很多雅典才有的地方，这里也有一套，比如国家画廊。不过这里的国家画廊展出的大多是跟独立战争相关的画作，承担着希腊爱国主义教育的责任。经历了400年被殖民的苦难，希腊人对来之不易的自由特别珍惜。

距离纳夫普利翁不远就是戏剧圣地埃皮达夫罗斯、迈锡尼遗址和古城阿戈斯，这让纳夫普利翁的戏剧氛围浓厚，伯罗奔尼撒大学戏剧系就落地于此。每到了夏季晚上，在埃皮达夫罗斯古剧场看完戏剧演出的人们，就会来到纳夫普利翁，宪法广场和老城的小巷子里人头攒动，美食和美酒的香气弥漫在空气中，随处可以听到对当晚演出的谈论。

一个美丽浪漫而充满艺术气息的小城，宛若镶嵌在伯罗奔尼撒半岛的一颗明珠。

NO.11 GREECE

扎金索斯
让人忘记天堂的地方

坐在索罗摩斯广场边的咖啡馆里,听着索罗摩斯的后裔说着当初她叔叔发现沉船湾的故事,窗外广场上索罗摩斯的雕像静静地望向远方的海面,他创作的希腊国歌《自由颂》随着海浪声在耳边回荡……

这位伟大的诗人曾经说,扎金索斯是"让人忘记天堂"的地方。的确,扎金索斯的风光会让你仿佛置身天堂,你会发现原来海水的蓝色有这

么多种，那种纯粹的蓝可以让你呆呆地看到地久天荒。

沉船湾已经成了希腊的世界名片，白灰色的峭壁漂浮在碧蓝的海水中，一片纯白的沙滩被峭壁环绕，一艘锈迹斑斑的铁船"不合时宜"地嵌在沙滩里，形成了强烈的反差。这是一处无法步行到达的仙境，必须乘坐小船经过十几二十分钟才能抵达。当你将身体浸入海水里，让视线与海平面平行，会看到一个完全不一样的世界，宛如童话般的世界。你会第一次直观地体会到"奶蓝色"是怎样一种颜色。白色的小船们就这样"飞"在奶蓝色的海面上。

听那位后裔姑娘说，当她叔叔发现这个海滩的时候，这里还大多是乱石而非如今细腻的沙子，这艘铁船是走私货物的，结果在这里触底搁浅。经过海浪无数日夜的冲刷，铁船逐渐与沙滩融为一体，乱石也被海水冲刷逐渐细腻，成为人们钟情的沙滩。沉船湾，来自大自然的造化。

除了闻名于世的沉船湾,整个扎金索斯岛遍布了10多个蓝旗海滩,所谓蓝旗海滩就是国际环境教育基金会评定的100%无污染的海滩,这听起来多么不可思议。我们几乎没有听说过在游客密集的地方会有毫无污染的海滩,然而在扎金索斯你可以找到很多。

海岛上有山谷有农场,种植了大量的橄榄树,有很多葡萄园,所以在与大海亲密接触之后,我们还可以在这里的农场里住下,喝地道的葡萄酒,与农场主一起榨橄榄油,吃农场主家人做的传统菜肴,穿上传统服装载歌载舞。这样的生活,在当地人看来才有味道。

在扎金索斯市政厅里写着"Island of Culture"(文化之岛)。当沉迷于这里美得让人窒息的风景时,当地的人们会给我们带来自由浪漫的艺术气息。扎金索斯的每个小镇都会有音乐、舞蹈等艺术团体,若穿着传统服饰的年轻人围着我们跳舞,能体会到他们是发自内

心地喜欢艺术，就像人们发自内心地向往阳光一样。他们学习艺术并没有特别的目的，却每周都会至少抽出一天聚在一起，这或许就是我们常说的无用之美吧。

在这个被美景环绕的海岛，人们把生活都过成了艺术。他们无意于成为艺术家，但他们选择艺术地生活。正如丰子恺先生说过的："所谓艺术的生活，就是把创作艺术、鉴赏艺术的态度来应用在人生中，即教人在日常生活中看出艺术的情味来。"

NO.12
GREECE

塞萨洛尼基
统治与战争在此交替

　　如果说雅典承载着厚重的历史而显得古老，那么在希腊北部的塞萨洛尼基则显得非常年轻。2014年，塞萨洛尼基当选为欧洲青年之都，年轻人在这里拥抱多元的文化。走在塞萨洛尼基久负盛名的海滨大道，随处可见青春活力的年轻人，这些年轻人占了整个城市人口将近40%！所以我们说，塞萨洛尼基在古老的历史里有着一颗年轻的心。

这个年轻的城市却又非常多元，留下了希腊、罗马、拜占庭、奥斯曼和犹太的传奇故事。塞萨洛尼基曾经是拜占庭帝国时期的第二大城市，所以遗留下了丰富的拜占庭遗址。在雅典，我们探寻的是辉煌壮阔的古希腊和伯里克利的黄金时代，在塞萨洛尼基我们所遇见的则是另一种形象的希腊精神。在雅典沉寂的岁月里，塞萨洛尼基延续着希腊的历史。

塞萨洛尼基距离亚历山大出生的马其顿和亚里士多德的家乡都不远,现在海滨广场矗立的亚历山大大帝塑像和希腊高校规模最大的亚里士多德大学,让人们仍然记得这对伟大的师生。从这里出发,亚历山大大帝统一了希腊,征服了巴比伦,打败了波斯,一路向东将希腊文明的种子播到了印度甚至更远。

海滨的一座白塔是这个城市最重要的地标建筑。这个白塔其实是土耳其人在15世纪所建,曾经有过城防、监狱等功能,如今是城市的"百科全书"。站在塔顶,海滨风光一览无余。

拜占庭是个历史概念，准确说应该是东罗马，以希腊人为主体，以希腊语为官方语言，其实就是希腊。当古希腊追逐着奥林匹斯诸神，拜占庭已经改换门庭，人们在东正教教堂里礼拜。希腊诗人卡瓦菲斯有一首《在教堂里》：

我走进教堂，
香火散发芳香，
人们礼拜的声音，
音响的和谐，
牧师镇定自若的脸庞，
众人的举止体现出最为严格的节奏，
他们身上最为庄重的祭祀服装，
无不让我想起我们这个民族的荣光，
我们远古拜占庭的辉煌。

塞萨洛尼基处于东西方的交界处，经受着历史的撕裂和挤压。当奥斯曼帝国灭亡了拜占庭帝国，塞萨洛尼基首当其冲。塞萨洛尼基东边是土耳其，北边是保加利亚和北马其顿，这个城市吸引着各个不同的民族，统治与战争在此交替。甚至连威尼斯人、奥地利人都意欲得到它。

后来在希腊与土耳其之间发生的国民大交换中，125万名希腊人被迫离开家园来到希腊本土，小亚细亚彻底成为土耳其人的地方。塞萨洛尼基见证了东西方的融合与混乱，多少个民族在这里融合，最后都被称为"希腊人"。不同于在雅典随处可见的古希腊遗迹，在塞萨洛尼基可以见到的遗迹大多传于拜占庭时期和奥斯曼帝国时期，完全是不同的风情。

最喜欢夜晚走在最酷的拉达迪卡区域，无数咖啡馆、酒吧、餐厅等错落其间。来到这里，瞬间就被人流淹没，所有的小巷子里都挤满了人。在这个空间与时间交错的地方，古老与潮流完美结合在一起。

伊庇鲁斯
古剧场里回荡远古歌声

在希腊西北部有那么一个地方,叫伊庇鲁斯。这个地区很少有游客到达,尤其是中国游客几乎没有人会去到这个地方。它位于品都斯山和爱奥尼亚海之间,既有着壮丽的大山,又拥有让人流连忘返的海景。这里还有不少极具建筑美学价值的拱桥,会让人想起中国的赵州桥。

除了拱桥,伊庇鲁斯和中国还有一个非常神奇的相似之处,他们的传统音乐竟然也是五声音阶!我们一直说五声音阶是中国传统音乐独有的,而实际上在另一个文明古国北部,竟然也自古以来就流行着五声音阶!

伊庇鲁斯这个词本意是指面朝大海的陆地，自从公元前4世纪开始，它成了品都斯山和爱奥尼亚海之间的这片土地独有的名字。自古希腊起，伊庇鲁斯就受到了上天的厚爱，地中海的温和气候以及充足的水分，让伊庇鲁斯拥有了丰富多样的动植物。

在这片美好的大自然里，几千年的岁月沉淀下无数的传说。这里既有阳光沙滩，又有大山森林；既有音乐舞蹈，又有古老戏剧。希腊古剧场保护组织Diazoma在这里建立了文化线路（Cultural Route），将几座古剧场相连，并致力于将古遗址与现代生活通过文化艺术紧密融合。

5座古剧场散落在伊庇鲁斯的东南西北，长达350公里的道路将它们连接在一起。这其中有建于公元前3世纪卡拉马斯河边的吉塔纳古剧场、建于公元前3世纪的卡索普古剧场、由屋大维修建的尼刻波利斯古剧场、建于公元前4世纪的小剧场阿姆乌拉奇亚古剧场和希腊最早神谕之地多多那古剧场。这些古剧场沉寂了无数个世纪，现正在伊庇鲁斯的大地上苏醒过来。

吉塔纳作为公元前4世纪伊庇鲁斯三大部落之一的首都，在当时已经建设了公共建筑和剧院，剧院

©希腊国家旅游组织 Greek National Tourism Organization

除了演出之外，也用来进行政治活动。在这个小剧场里，奴隶的名字以及让他们恢复自由的人们的名字，都被刻在大理石座位上，平等和同情通过这样的方式被历史记住。

卡索普古剧场公元前3世纪建于卫城下方，可以容纳6000名观众，从剧场可以俯瞰阿姆乌拉奇克斯海湾、爱奥尼亚海和莱夫卡达岛。尽管在通往剧场的道路周围还可以看到当初完好的房屋，但实际上这座城市在公元前1世纪被遗弃了。

尼刻波利斯得名来源于胜利女神尼刻（Nike）。罗马帝国的第一任皇帝屋大维·奥古斯都曾在阿姆乌拉奇克斯海湾与马克·安东尼和埃及艳后克利奥·帕特拉大战，为纪念海战的胜利，建造了这座胜利之城（Nike Polis，意为City of Victory）。屋大维宣称阿波罗为其守护神，并建造了体育馆和剧场等公共建筑，举办运动、音乐和诗歌等活动。其中就包括这个拥有5000个座位的尼刻波利斯古剧场。

阿姆乌拉奇亚古剧场则是公元前318年由伊庇鲁斯王皮尔胡斯修建，装饰以精美的艺术品，尽管小却拥有行政、政治和宗教的功能。

多多那古剧场是传说中天神宙斯最早的居所，也是希腊最早的神谕之地，其重要性仅次于德尔菲的阿波罗神殿。据一些学者所说，这里最初的神谕是来自大地母亲瑞亚或者盖亚。剧场拥有17500个座位，曾经举办纪念宙斯的诗歌比赛，罗马时期被用于角斗士竞技，之后就一直沉寂至今。

当我们沿着古老的道路一路旅行，这已经不再是简简单单的旅行，而是时光和空间对生命的极大丰富。沧桑岁月留下的厚重建筑，古剧场里回荡的远古歌声，空气里弥漫的自然芬芳，都带给我们从未有过的感受。曾几何时，我们可以通过古剧场来探索古老文明；曾几何时，我们可以同时拥有壮丽的山川大海和灿烂的人文情怀。

在伊庇鲁斯，这个有着与我们相似之处的地方，我们享受身心共同的洗礼。

©希腊国家旅游组织 Greek National Tourism Organization

NO.14 GREECE

罗德岛
中世纪骑士精神犹在

在罗德岛的港口，曾经矗立着一座32米高的青铜巨像，那就是太阳神赫利俄斯像。他手里的火炬永不熄灭，为水手们指引方向，所有船舶都从他的下方进入港口。这座巨像的建造，是为了纪念公元前305年，罗德岛居民击败了马其顿的入侵。

之所以选择太阳神赫利俄斯，从希腊著名诗人品达的诗中来看，是因为宙斯当初封赫利俄斯为罗德岛的守护神，太阳每天从东方升起，第一个照到的就是位于爱琴海东边的罗德岛。

如今罗德岛依然是四季阳光灿烂，日照时间之长在希腊都排前列。

可惜的是后来巨像因地震倒塌，"古代七大奇迹"之一就此消失。如今在港口入口，只有两只青铜鹿高高地注视着往来的船只。

太阳神的传说早已远去，如今的罗德岛仍然充满了中世纪的风情。14世纪初，圣约翰十字军团在罗德岛开始了两百多年的骑士军团统治，如今骑士也已作古，只留下了古城里的骑士大道和骑士团长宫殿。骑士精神或许是罗德岛与希腊其他地方区别最大的地方。漫步在古城的巷弄里，历史的斑痕镌刻在一砖一石上，曾经的战场如今寂静无声。

长达4公里的城墙上，有7座城门。在古城内有几个广场，其中锡米广场附近有阿芙罗狄忒神庙，博物馆广场附近有骑士团新医院，也就是如今的考古博物馆。整个古城当时被按不同语言分为了英国区、法国区、意大利区等，分散在骑士大道周围。大道北侧是建于14世纪的骑士团长宫殿。宫殿在土耳其人统治时期变成了监狱，后来又被意大利人恢复，并增加了马赛克装饰。

©摄影/杨谨瑄

　　在罗德岛也可以找到基克拉泽斯风光，与其他多德卡尼斯群岛相比显得特立独行。乘坐大巴来到罗德岛东侧以太阳神赫利俄斯孙子而得名的林都斯，恍惚间会以为来到了米克诺斯或者圣托里尼，白色的房屋蓝色的门窗，镶嵌在褐色的山壁上，面朝碧蓝的大海，上方是高耸的卫城。如此设计，不禁让我们要感叹一句风水宝地。

　　公元前550年，多里安人在这里修建了卫城，并供奉了雅典娜女神，卫城雄伟地俯瞰爱琴海，海上来的敌人无法侵入，然而后来还是毁于地震。如今在卫城上还保存有雅典娜女神庙和多里克式回廊，以供后人回味。

　　从多里安人的林都斯，到罗马拜占庭，再到骑士军团统治，再到土耳其统治，罗德岛的历史正是希腊历史的缩影，世纪的变幻在这岛上随处可见。除了丰富的人文历史，罗德岛不缺美好无限的自然风光，是真正将历史与自然完美融合的地方。

NO.15
GREECE

米克诺斯
爱琴海风情

　　米克诺斯被不少欧美人奉为爱琴海上的"极乐世界",欧洲人心目中的"不夜城"。它原本只是基克拉泽斯群岛中心附近一个小小的岛屿,但由于20世纪90年代附近提洛斯岛的惊人考古发现,而逐渐成为欧美人最爱的度假岛屿。

　　提洛斯岛是古希腊神话中太阳神阿波罗和其孪生姐姐月亮神阿尔忒弥斯的出生地。1873年,一位法国考古学家在这里发现海量的考古遗址和神殿,从而带动了一大批来自各国的考古学家携家带口蜂拥而至。然而提洛斯被规定不允许任何人在岛上过夜（因为这是神住的地方），因而促成了离它最近的米克诺斯的繁荣兴盛。

如今米克诺斯已经成为希腊众多岛屿中最具娱乐精神的岛屿之一，它既有爱琴海风情，同时又有着热闹的欧美休闲娱乐的氛围。这里的很多海滩在旺季时总有络绎不绝的游客，夏季夜晚更是各种聚会好不热闹。在这里，不妨尽情放松自己，体验闲散而精彩的爱琴海慢生活。

米克诺斯岛是基克拉泽斯群岛中一个"洁白无瑕"的岛屿，经典的蓝白简约设计风格，伫立在爱琴海上，让人心旷神怡。据神话传说，岛屿是由被大力神赫拉克勒斯击败的巨人化石砌成。而这座岛屿的名字米克诺斯则来自古希腊神话中音乐与艺术之神、阿波罗孙子的名字。

米克诺斯岛的居民大多聚集在西海岸霍拉（Chora），也是米克诺斯的首府。与众多基克拉泽斯群岛的圆弧形首府不同，霍拉是沿着海岸的长条形。行走在霍拉镇，米克诺斯岛代表性的地中海建筑和绝美风光尽收眼底，一览无遗。漫步在狭窄的大理石街道上，一座座洁白的楼房映入眼帘，色彩艳丽的门窗带来了几分调皮趣味，转角处，一大簇倾泻而下的三角梅不禁让人会心一笑。

这里的商业街（Matoyánni）除了有各大国际知名品牌店，还隐藏着一家家有人情味的手工作坊，抱着探险的心情总能发现一两件让你喜出望外的小物件。逛累了，可以到附近的圣尼克拉斯教堂或者咖啡馆小憩一下，坐在门口露天处，感受爱琴海的明媚阳光。时尚与简约，在这里交融得如此不露痕迹。

穿过蜿蜒曲折的大理石道路，来到一望无际的海滨大道。遥望远处的渔船在荷马诗人描述中的酒色大海上轻轻划过。有意思的是，在这里还能碰到岛上的吉祥物——柔粉色的幸运鸟鹈鹕。1954年，它在一场暴风雨中被一位渔民发现，拯救到岛上，成为当地岛民的好伙伴。后来在它死去后，岛上居民为了缅怀它，又找来了三只鹈鹕。它们通常于中午或傍晚在海边出现的概率比较大，当然也可能在米克诺斯镇内任何一个角落出现。如果你运气好碰到它们的话，一定要记得赶紧按下快门，记录下这幸运一刻。

这个岛上风景最优美的角落之一是阿莱夫卡特拉，也称为"小威尼斯"，面海的大阳台让人们想起了意大利的威尼斯。这个18世纪的聚落群遍布大船长的豪宅，五颜六色的宽敞阳台和精致的窗户设计让人沉醉其中。你可以在海滨咖啡厅放松身心，欣赏高耸在山坡上的洁白古朴的标志性风车缓缓移动，抑或看着一望无际的静谧深邃海景陷入沉思。

米克诺斯岛也是水上运动爱好者的天堂，被称为"风岛"，每年都会吸引来自世界各地的冲浪者和水手。这里的风向和地势都十分适合风帆冲浪、海上跳伞和水上摩托艇以及潜水活动。

如果时间充裕，还能乘船去提洛斯岛屿，探寻古希腊文明最早的痕迹和遗址。在这座岛上，总有数不清的精彩活动和惊喜等待着人们的发现，或许这就是它总是生机勃勃的原因吧。

NO.16 GREECE

哈尔基迪基
爱情三阶段

在爱琴海北部有那么一处"女性罕至"的地方,准确来说是女性不允许进入,那是一个男性的世界。曾经英国女王来到这里都只能乘船远观,而无法靠近,非常神秘。这就是阿索斯圣山(Mount Athos)。

阿索斯是独一无二的。这里有大约20个修道院,1700名修士,他们自己管理着这片东正教圣地。当然这里并不是只有希腊东正教的修道院,还有俄罗斯、保加利亚和塞尔维亚的修道院。外界任何来访的成年男性，都必须要提前预约，如果是非东正教徒，每天最多只接待10位，而且最长只能逗留四晚。

这里的风景也同样独特，拜占庭风格的修道院鳞次栉比，当冬天大雪降临，整座圣山银装素裹，堪称世外之地。

然而，这样一个只有男性的宗教圣山隔壁，竟然是度假胜地。如果从地图上看，阿索斯所在的长条形半岛的西侧，还有两座形状类似的半岛，三座半岛构成了"三条腿"。整个地区有一个可爱的名字，叫哈尔基迪基（Chalkidiki）。

与最东边的阿索斯不同，西边的两个半岛都是恍若天堂般的度假胜地。当地流传着一种说法，如果你是单身，那么就去第一个半岛，你会在那里遇到喜欢的人。如果你们相爱了，那就带她去第二个半岛，享受幸福的时光。如果你们分手了，那你就去第三个半岛吧，也就是阿索斯。恋爱的三个阶段，你都可以在这里找到归属。

距离塞萨洛尼基最近的是最西边的那条"腿"——卡桑德拉（Kassandra），梦想中最美的海滩原来就是这儿。在这里可以遇到无数的帅哥美

女,难怪单身的人应该来这里。清澈的海水如同蓝色的缎子,荡漾在葱绿树林的环绕中。海鸥从空中滑翔而过,灿烂的阳光亲吻着我们的肌肤。脚掌摩擦着细细的沙粒,海水轻轻漫过脚面又倏然退去,找到一处沙滩椅躺下,喝杯希腊冰咖啡,感受微风轻拂,这才是希腊的夏日。

希腊总共拥有400多个"蓝旗海滩",而哈尔基迪基就有52个!蓝旗海滩意味着没有任何污染,需要对海滩的环境信息、环境管理、水质、安全和服务等方面进行考核之后,才可以得到国际环境教育基金会颁发的"蓝旗"。在毫无污染的大海里嬉水,才真正快活。

夹在卡桑德拉和阿索斯之间的西索尼(Sithoni),气质也正介于二者之间,既没有西邻的喧闹,也没有东邻的寂静。这里很多海滩没有经过开发,充满自然生趣，原生态的风光在这里随处可见。这里其实也有酒店、购物中心、网球场、高尔夫球场、水上活动设施等，可以满足不同的需求。

从浪漫热情的卡桑德拉，到自然有趣的西索尼，再到寂静平和的阿索斯，我们可以经历爱情的三个时期，人生的三个阶段。

如今的热闹与平和，早已掩盖了千年之前的那场大战。在雅典人与斯巴达人之间的伯罗奔尼撒战争中，哈尔基迪基也是主要战场之一，无数的战士在这里流下了汗与血。之后马其顿、罗马、拜占庭、奥斯曼甚至德国人都曾经来到这片土地上，然而千年之后，这里留给世人的仍然只是大自然的风光和宗教的虔诚。

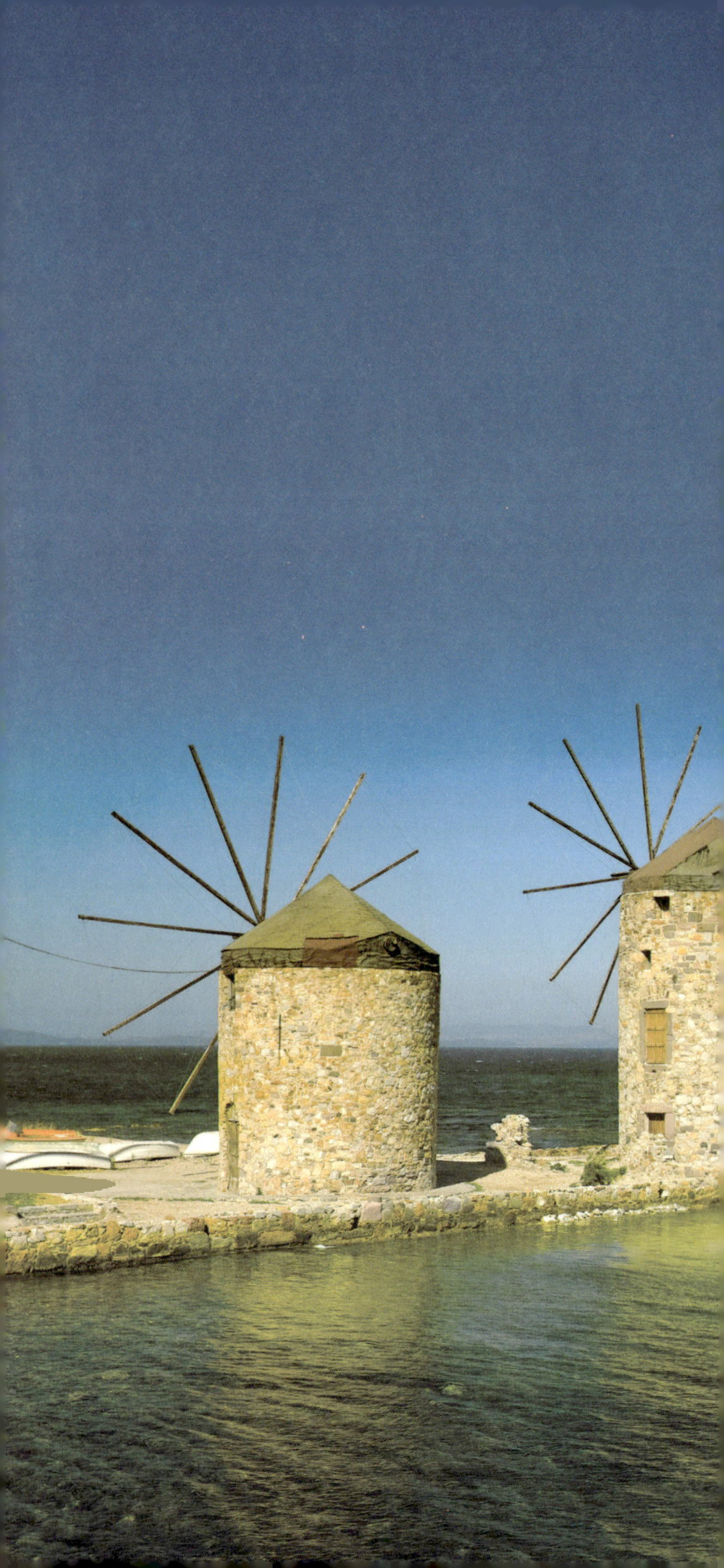

资讯
GREECE
微焦距

©希腊国家旅游组织 Greek National Tourism Organization

地中海美食
Mediterranean cuisine

GREECE

　　希腊人不仅热爱艺术，对于美食也相当热爱。早在公元前4世纪中期，古希腊诗人、哲学家阿切斯特拉图（Archestratus）就已经被誉为"欧洲美食学之父"。他品尝遍了整个古希腊地区美食，用幽默且学究的诗歌风格，撰写了第一部希腊烹调书，揭开了地中海饮食的奥秘。尽管已经过去几千年，但希腊美食奉行的极简主义仍然没有改变。

希腊属于地中海气候，常年温和湿润，阳光充足。但希腊的土地并不肥沃，人们感恩当年雅典娜女神的馈赠，将橄榄树赐予了希腊人，开启了希腊人健康而又美味的饮食习惯。

被西方人称为"液体黄金"的橄榄油，含有较高的单不饱和脂肪酸，除了供给人体所需的大量热能外，还能调整人体血浆中高、低密度脂蛋白胆固醇的浓度比例。数千年下来，希腊人世世代代用橄榄油烹饪美食，并且将这一传统传至欧洲其他地方。

地中海饮食以蔬菜水果、鱼类、五谷杂粮、豆类和橄榄油为主，注重食材的多样化、新鲜度和季节性。而烹饪方式则相对简朴清淡，以香炸和烘烤为主，佐以各式香料，从而能更好地品尝出食材的原本香味。这种均衡的饮食方式，不仅可以有效延缓衰老，还能有效降低心血管疾病的风险以及保护心理健康，预防抑郁症，近年来更是成为风靡全球的饮食方式。

希腊伊卡利亚岛位于全球五大长寿村之首，这里有超过三分之一的人口年纪超过90岁，这是全世界五大长寿村之一。据称当地老人除了遵循地中海饮食习惯，还有一个爱好，就是每天早晨起来，饮一小杯纯橄榄油。我们认识一户在扎金索斯岛的农场主，他们一家人的各种疾病，就是通过每天早晨的一杯嫩绿色的橄榄油而奇迹般消除的。

雅典不少街区每周都有一天市集日。那一天，所有私家车都要让位于这些大大小小的摊贩。市集上有琳琅满目的新鲜蔬菜、水果、坚果、鱼类、日杂和鲜花出售，尤其是那五彩缤纷的蔬菜和水果，让人按捺不住购买的欲望。附近的居民则会早早提着一个大菜篮，兴致勃勃地采购一番。待装满一大筐后，拿回家中，用新鲜食材为家人烹制这一天的美食。希腊人家庭里总会有一位善于烹饪的煮妇或煮夫，负责充实全家人的胃口。他们喜欢将周末留给家人，一起团聚一桌，烹饪美味的食物，与家人共享。

相比其他欧洲国家，希腊的地中海美食可谓深得中国人的胃。最经典的菜肴当属希腊沙拉，

也称为乡村沙拉。这是一道经典的地中海菜肴，也是希腊人最引以为豪的一道菜。新鲜的番茄、青椒、黄瓜、洋葱，配上闻名全球的菲达奶酪，淋上上好的橄榄油，撒上几颗橄榄和抗氧化的牛至香料，一盘色香味俱全的沙拉就完成了。另外，他们非常擅长烹饪各类海鲜，如炸鱿鱼圈、烤鱼、烤大虾、海鲜意面等等。由于他们的食材非常新鲜，所以只需要简单地炸或者烤，再淋上柠檬汁，就能完全带出海鲜的咸鲜之味。

　　希腊人也特别爱吃肉，特别是烤肉。如今大街小巷都能看到希腊烤肉串和皮塔肉卷饼店。这也是希腊的经典平民快餐。新鲜烤好的卷饼，包裹以烤肉片、洋葱、西红柿片和酸奶黄瓜酱，让人垂涎三尺。此外，希腊人自古就擅长使用各种香料烹饪肉食。希腊漫山遍野都是植物类调料，古希腊人常常在野外摘取，用于调味。

　　最后不得不提希腊的经典酸奶。希腊的酸奶

和奶酪都闻名世界,据称希腊是世界第一大奶酪消耗国。希腊酸奶的蛋白质含量是普通酸奶的两倍,富含钙、益生菌且卡路里少,不仅是上佳的饭后甜点选择,也是老少咸宜的零食。希腊酸奶浓稠香醇,每个尝过希腊酸奶的人都会情不自禁地爱上它。

地中海美食就如希腊人一样，浓淡相宜，色香味俱全。引用《香料共和国》电影中的一句经典对白来总结地中海饮食最为恰当：生命不能没有香料，就像不能没有太阳；生活和食物一样，都要加油添醋才完美。

美食推荐

闻名于世

希腊橄榄油
希腊葡萄酒
奶酪

饮品和甜点

希腊咖啡（Greek Coffee）
希腊冰咖啡（Freddo Cappuccino）
茴香酒（Ouzo）
希腊蜂蜜酸奶（Greek Yogurt with Honey）
哈瓦斯（Halvas）
蜜汁甜圈（Loukoumades）
果仁蜜饼（Baklava）

传统料理

希腊沙拉（Greek Salad）
穆萨卡（Moussaka）
烤肉串（Souvlaki）
希腊豌豆泥（Fava）
希腊千层面（Pastitsio）
葡萄叶包饭（Dolmadakia）
煎奶酪（Saganaki）
酸奶黄瓜酱（Tzatziki）

节日活动
Festival activities

GREECE

1. 雅典和埃皮达夫罗斯艺术节

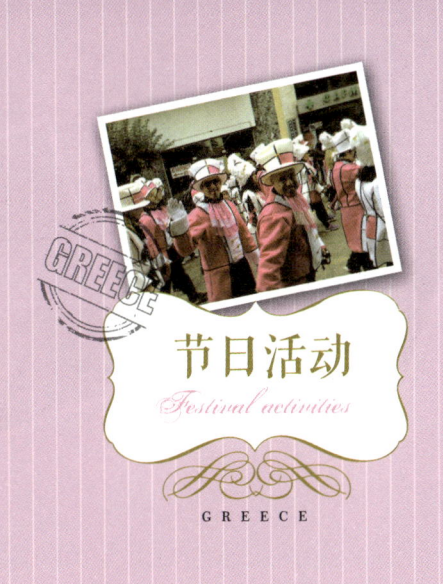

每年夏天雅典和埃皮达夫罗斯艺术节期间，大量代表世界最高水平的戏剧、音乐、舞蹈等演出都会在雅典阿提库斯古剧场、埃皮达夫罗斯古剧场等处上演，来自世界各地的艺术爱好者汇聚希腊，享受艺术的盛宴。

在众多的古希腊遗址中，埃皮达夫罗斯古剧场占据着举足轻重的地位。古剧场建于公元前4世纪，是希腊保存最为完好的希腊古典时期建筑之一，其完美的天然音响效果令人惊叹，哪怕是坐在最后一排的观众在没有扩音器的情况下，依然能听到舞台中央一枚硬币落地的声音。庞大的剧场能容

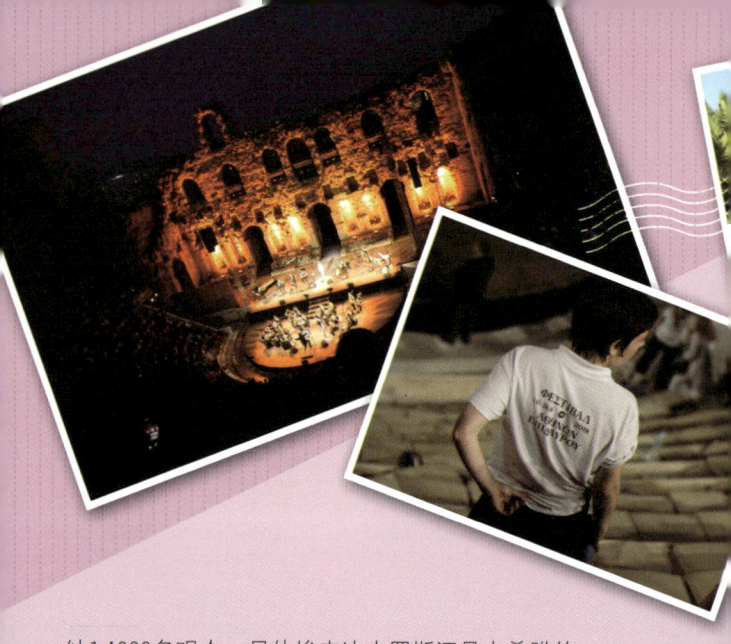

纳14000名观众。另外埃皮达夫罗斯还是古希腊的医药圣地，很多人会到这里来疗养身心。

这是欧洲最古老的艺术节之一，开始于1955年，一般6月开始，到8月结束。每年详细的演出节目可以在雅典和埃皮达夫罗斯艺术节官网查询。

2. 雅典马拉松

希波战争的马拉松战役中，雅典人以少胜多战胜了波斯人，传令兵菲利皮蒂斯从42公里外的马拉松跑回雅典报信。为了纪念这次民主战胜专制的胜利，1896年第一届现代奥林匹克运动会设立了马拉松项目，按照公元前490年菲利皮蒂斯跑过的路线，从马拉松镇出发到雅典的大理石体育场为止。每年雅典马拉松期间都会在马拉松举办圣火点燃仪式，以纪念菲利皮蒂斯。

实际上，当年菲利皮蒂斯从马拉松跑回雅典

之前,也就是马拉松战役爆发之前,他还曾从雅典跑到斯巴达去求援,这一路总共约250公里,在得到斯巴达人的回复之后,他又跑了250公里回到雅典。现在从雅典到斯巴达之间的马拉松比赛被称为"超级马拉松"。

雅典马拉松被称为正宗马拉松(Authentic Marathon),从马拉松的起源地,经过原始的赛道,一路跑进第一届现代奥运会举办的大理石体育场,沿途风景怡人,但是赛道弯道多起伏大,难度较大。每年大约有4万多名运动员和爱好者参加,除了全马外,还有5公里、10公里和儿童比赛。

3. 帕特雷狂欢节

传说狂欢节起源于帕特雷，至今已经有180多年了，已经成为欧洲最重要的狂欢节之一。每年复活节之前也就是一二月份，持续长达3周，整个狂欢节以"净周一"前的那个周日最为隆重，整个城市的人都走出家门，穿上各种奇装异服，在大街小巷疯狂地、欢乐地载歌载舞，一直到夜晚降临，最大的彩车会被点燃。作为希腊第三大城市，帕特雷以狂欢节远近闻名。据说每年狂欢节结束后，大家就开始为下一年的狂欢节做准备了。

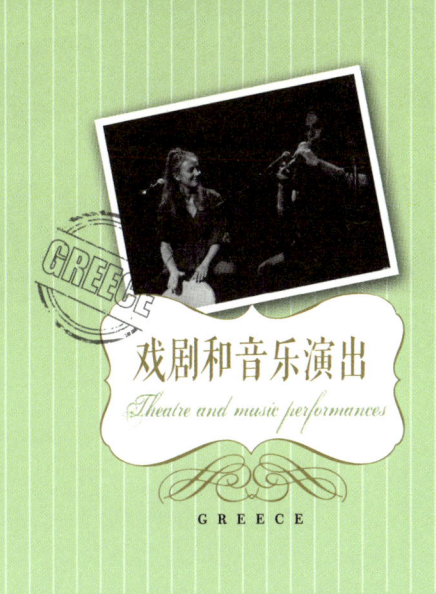

戏剧和音乐演出
Theatre and music performances

GREECE

    希腊的戏剧传统经几千年传承延续,如今在雅典城里除了雅典艺术节期间会使用的阿提库斯古剧场,另外还有包括希腊国家剧院在内的100多家大大小小的剧场。比较出名的包括希腊艺术剧院(Greek Art Theatre)、新世界剧院(Neas Kosmos Theatre)等。

    每个剧场都会有自己的演员团队和定期的演出剧目,所以几乎每天都有戏剧演出。除了剧场,雅典还有很多戏剧学校,专门培养戏剧演员,因而希腊的戏剧演员数量众多,而且相比电影演员和电视演员,戏剧演员的地位更高。

    当然戏剧演出是否能够发展还得看观众,而在希腊戏剧演出的观众基础非常好,几乎所有人都观看过戏剧,大部分人都有定期观看戏剧的习惯。即使是在经济危机期间,戏剧演出的观众并不会出现明显减少。

与英国戏剧等其他西方戏剧不同的是,希腊的戏剧演出仍然保存了鲜明的古希腊戏剧特色,整体品质很高。因此,如果来希腊,一定至少要观看一场戏剧。

除了戏剧,音乐会也广受欢迎。雅典最出名的音乐厅就是雅典大音乐厅(Megaron Mousikis-The Athens Concert Hall)。除此之外,在各个剧场、live house、酒吧、咖啡馆、书店等等,都会有音乐演出。

希腊人听音乐会不是那么讲究环境,有时候可能只是在非常简陋的地方,音乐家和音乐却不会敷衍。希腊音乐比较流行雅燃音乐(Rebetiko)、古希腊音乐、克里特音乐等等,大量的音乐家活跃在希腊各地。希腊人能歌善舞,音乐中就能体现出希腊人的热情与快乐。

实用信息

行前必备

欧标/德标转换插头，希腊境内电压为220V，插孔与国内不同，所以一定要准备转换插头。

防晒装备，包括太阳镜、帽子、防晒霜等。

随身Wi-Fi，或者到雅典之后购买当地手机卡。

洗漱用品、拖鞋和毛巾，有些酒店不提供一次性用品，需要自带。

常用药物，包括晕船晕车药、肠胃药等。

希腊使用欧元，在国内兑换的时候尽量避免500面值的欧元，在很多地方可能不被接受。

旅途须知

语言沟通：希腊人母语是希腊语，英语普及程度较高，但在一些岛上或者小镇可能会遇到当地人不会英语的情况。

当地交通：雅典的公共交通比较发达，可以乘坐地铁、大巴、电车、轻轨、出租车等到达大部分地方。岛上和雅典之外的其他地区同样有公共交通，但频次相对较低。需要注意的是，中国驾照在希腊暂时还没有获得许可。

就餐时间：希腊人三餐时间与中国有很大差别，一般午餐是下午两三点，晚餐是晚上9点左右，如果不习惯可以按照国内时间就餐。

就餐习惯：餐馆一般会主动提供餐前面包，有些收费有些免费，如果不需要面包可以直接跟店员提前说明。在希腊小费不是硬性要求，但可以酌情给小费。

当地习俗：希腊人非常友好，见面常常是吻面礼。另外不要手掌心向着别人。

当地饮水：雅典的自来水可以直接饮用，但是岛上的水不可以直接饮用。

当地安全：希腊整体上很安全，但雅典有些区域比如Omonia地区以及地铁公交上要注意防盗。

疾病受伤：如果是简单的疾病或者受伤，可以到药房（门口会有绿色十字标志和ΦAPMAKEIO的招牌）询问药剂师，一般会推荐合适的药物。如果病情严重，可以拨打急救电话166。

紧急电话

急救电话：166
报警电话：100
火警电话：199

中国驻希腊大使馆（领事部）：
地址：2A Krinon, 15452 P. Psychico, Athens, Greece
对外办公时间：9:00-12:00（周一至周五）
电话：+30 2106723282
网址：http://gr.china-embassy.org/chn/

文艺时光

希腊旅行推荐读物

尼科斯·卡赞扎基斯《希腊人左巴》
依迪丝·汉密尔顿《希腊精神》
盐野七生《希腊人的故事》
古斯塔夫·施瓦布《希腊古典神话》
杰拉尔德·达雷尔《希腊三部曲》
中野京子《名画之谜：希腊神话篇》
修昔底德《伯罗奔尼撒战争史》
希罗多德《历史》

推荐电影

《我盛大的希腊婚礼》
《希腊人左巴》
《亚历山大大帝》
《斯巴达300勇士》
《城市广场》
《妈妈咪呀》
《仙妮亚》
《香料共和国》
《哭泣的草原》

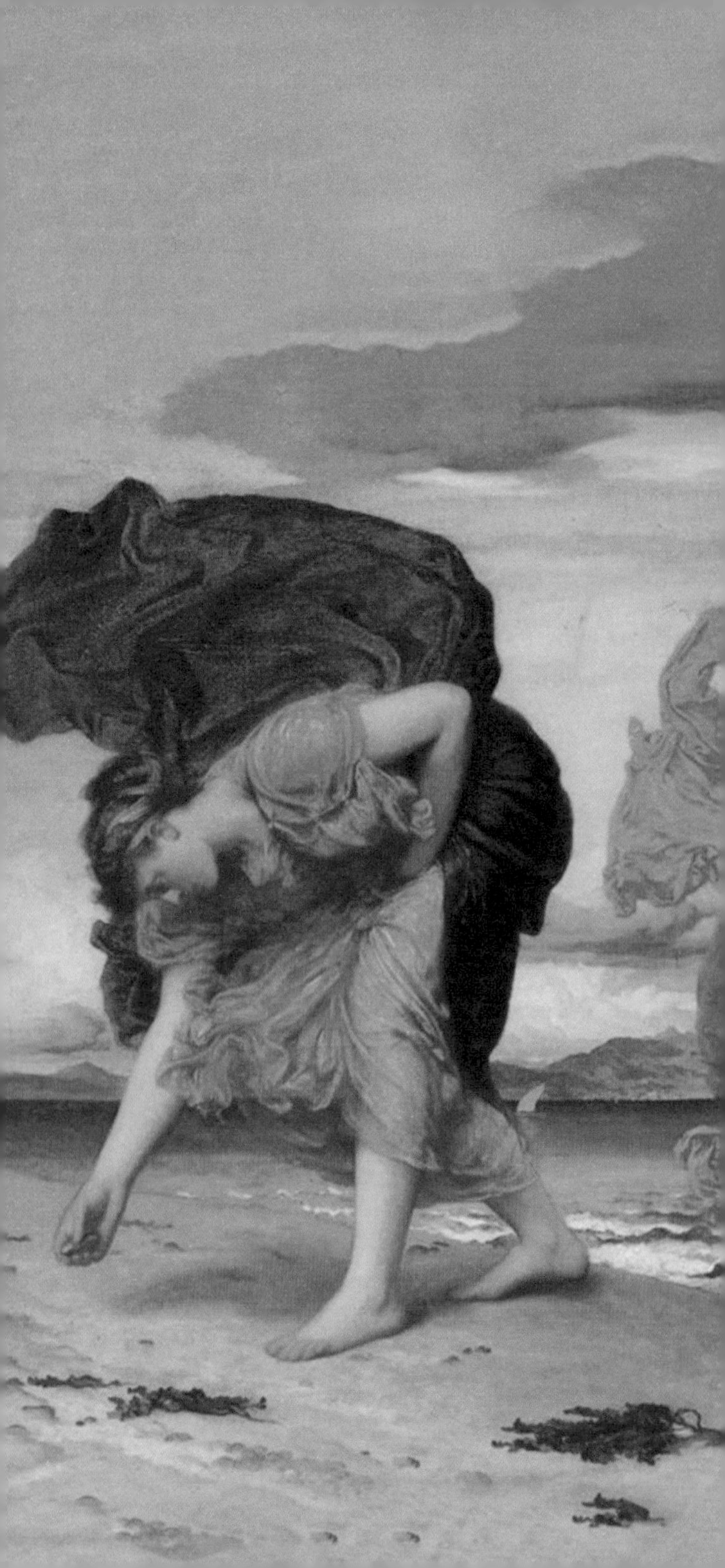

城市
丈量指南

Athens

雅典

雅典被誉为"西方文明的摇篮",是哲学、民主等众多文化艺术的起源地,苏格拉底、柏拉图、亚里士多德等伟大的哲学家都曾在雅典生活。城市得名于智慧女神雅典娜,在女神的守护中发展了3000多年,当年雅典娜与波塞冬争夺城邦守护权的故事至今流传。

整个城市的中心当属卫城，曾经供奉雅典娜女神的帕特农神庙虽然已经残破，但在城市里几乎任何角落都仍然能够望见神庙耸立的大理石柱。卫城是所有来雅典朝圣的人们必到之处，如果要问西方文明的根在哪儿，或许就是这儿吧。

　　卫城脚下的普拉卡地区充满了希腊风情，错综复杂的小路串联着各种各样有趣的去处，或许某个毫不起眼的小门里就正在进行着一场小型音乐会，某个破旧的门洞里竟然是最受雅典人喜欢的餐馆之一……

　　很多人会说雅典市中心怎么那么破旧，确实由于二战的破坏，雅典城目前不如巴黎和伦敦那样精致，但是雅典的艺术底蕴并没有因为建筑的破旧而受到影响，实际上，雅典几乎每天都有大量的艺术活动比如音乐会、展览、戏剧演出等等。

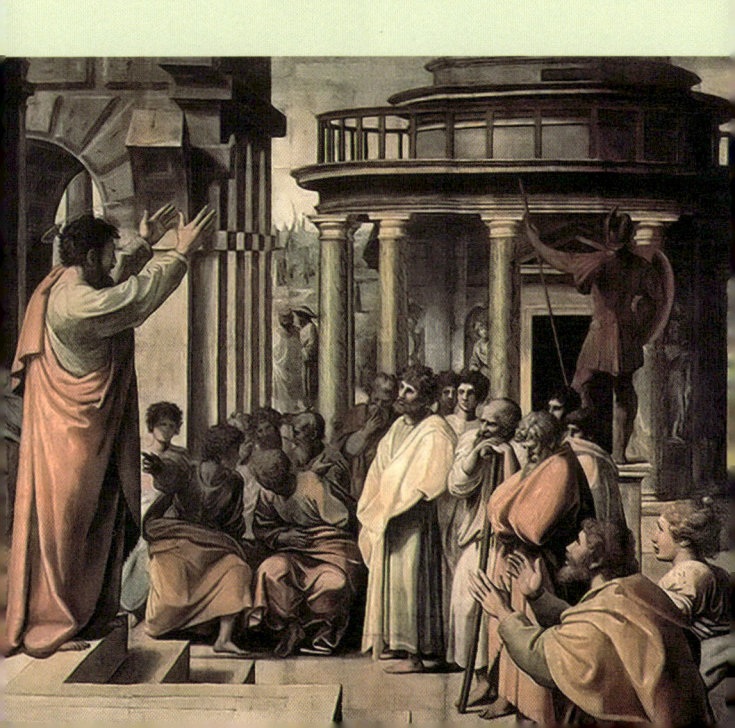

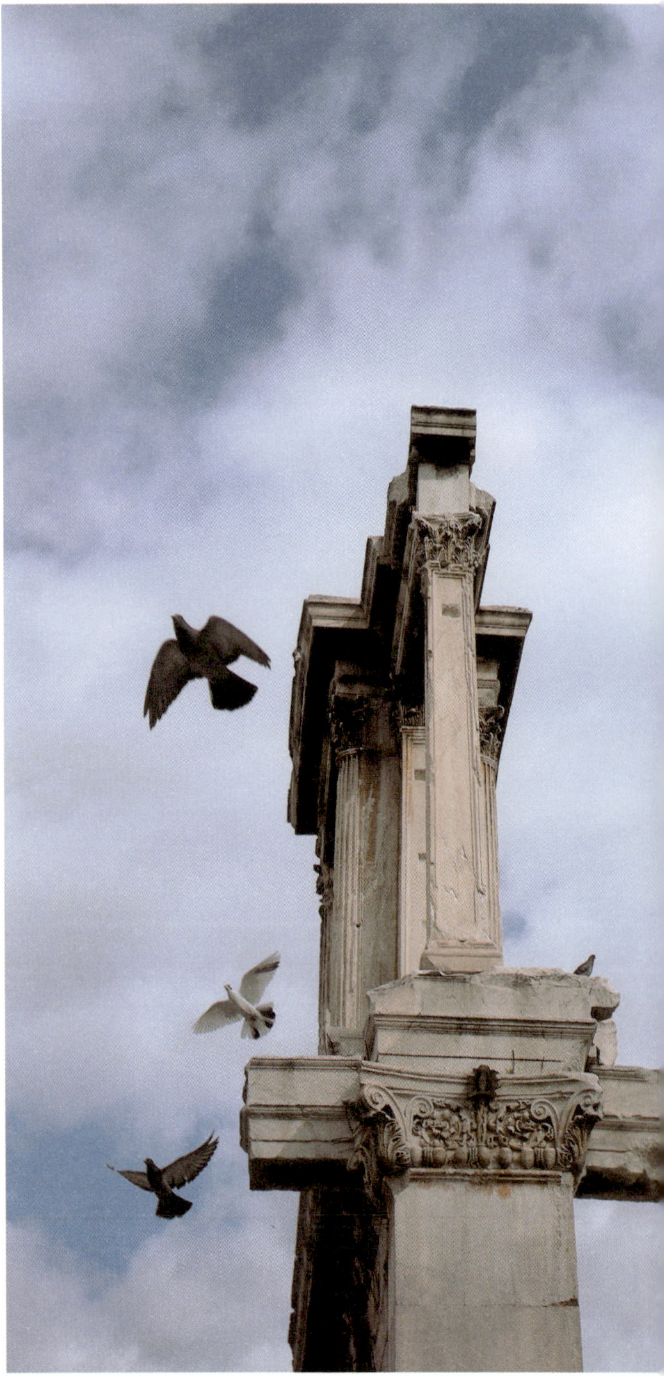

苏格拉底每日散步的古市集也是不容错过，踩在哲人的脚印上，或许能让我们从这里的石头和树木中获得一些灵感吧。

雅典有大约80个博物馆，其中最值得去的就是卫城博物馆和国家考古博物馆，当然每个博物馆都各有特色，如果时间充裕非常推荐多去一些博物馆。

雅典的餐厅主要集中在蒙纳斯提拉奇广场周围，尤其是Andrianou街边全部是不错的餐馆。在卫城周围还有几家可以欣赏卫城夜景的餐厅，不过大多需要提前预订位置。另外在Athinas大街上有雅典中心市场，可以买到各种各样新鲜的食材。中心市场对面的街巷里，是很多家开了几十上百年的香料店和熏肉店。

雅典最多的应该就是面包店和咖啡馆，这里的面包和咖啡都非常不错，适合作为早餐。也可以去一些传统的咖啡馆体验一下希腊咖啡。在夏天的时候，雅典人大多会喝希腊冰咖啡，这也是希腊特有的一种咖啡饮品。

雅典的公共交通比较便利，地铁、公交、电车、轻轨等基本上可以到达雅典各处，不过由于经常会出现罢工，所以在出行前可关注一下罢工信息。市中心地区基本上都可以步行，打车也很方便，价格也比较合理。

景点推荐
SCENIC SPOT RECOMMENDATION GREECE

1. 雅典卫城（Acropolis）
2. 卫城博物馆（Acropolis Museum）
3. 古市集（Ancient Agora）
4. 国家考古博物馆（National Archaeological Museum）
5. 罗马市集（Roman Agora）
6. 宪法广场（Syntagma Square）
7. 哈德良图书馆（Hadrian's Library）
8. 哈德良拱门（Hadrian's Arch）
9. 宙斯神庙（Temple of Olympian Zeus）
10. 泛雅典体育场（Panathenaic Stadium）
11. 雅典科学院（Academy of Athens）
12. 国家花园（National Garden）
13. 波塞冬海神庙（Sanctuary of Poseidon at Cape Sounion）

出行小·tips

每年6月到8月会举办雅典和埃皮达夫罗斯艺术节，艺术节期间在雅典阿提库斯古剧场和埃皮达夫罗斯古剧场等场馆，会有来自希腊甚至世界各地高水平的演出。这是感受希腊文化艺术最佳时机，如果夏天来到雅典，一定不能错过。

希腊中部

Central Greece

　　希腊除了爱琴海，还有很美的山林。从雅典出发向北走，没多久就进入了山区。在这片广阔的区域内，有很多值得探索的地方。从史前时代开始，希腊人的生产、生活极大地影响了这片土地的样貌。

　　如果要去希腊的滑雪胜地帕纳索斯山，会经过希腊中部的一个石头小镇阿拉霍瓦。小镇海拔950米，几乎所有的建筑都是石头建造。阿拉霍瓦离德尔菲也非常近，如今是旅游胜地，无论是去帕纳索斯山滑雪的人，还是去德尔菲朝圣的人，都会来到这里小憩。

©希腊国家旅游组织 Greek National Tourism Organization

德尔菲是古希腊世界的中心,这里的遗址至今仍然令人震撼,阿波罗神殿、古剧场、古运动场等等,德尔菲考古博物馆里保存着从遗址里挖掘出来的大量文物。

迈泰奥拉位于色萨利西北,临近品都斯山,独特的地貌加上高耸在悬崖上的修道院,让迈泰奥拉宛若天空之城。

希腊国家旅游组织 Greek National Tourism Organization

伊庇鲁斯是希腊西北的一片区域，夹在马其顿和色萨利之间，西临爱奥尼亚海，北边接壤阿尔巴尼亚。这里有着五声音阶的音乐，散布着古剧场，游客很少却又值得踏足。

如果冬天来到希腊中部，还可以选择泡温泉，在中部地区有大量的天然温泉，性价比很高。有时候也不一定要去那些游客聚集的地方，在希腊中部随便选择一个小镇，就可以舒舒服服地度过愉快的假日。

景点推荐 SCENIC SPOT RECOMMENDATION GREECE

1. 德尔菲遗址（Site of Delphi）
2. 德尔菲考古博物馆（Archaeological Museum of Delphi）
3. 迈泰奥拉（Meteora）
4. 帕纳索斯山（Parnassos）
5. 阿拉霍瓦（Arachova）
6. 伊庇鲁斯（Epirus）
7. 皮利翁山（Pelion）
8. 卡尔派尼西（Karpenissi）

Thessaloniki

塞萨洛尼基

　　塞萨洛尼基是希腊第二大城市，也是希腊最年轻的城市，整个城市将近40%的人口为年轻人，2014年被选为欧洲青年首都。同时塞萨洛尼基拥有多元文化，在这里可以感受到拜占庭、奥斯曼等多个时期的历史。

　　港口区域是感受城市风情的最佳去处，从码头白塔，到亚历山大大帝的雕塑，再到宗格罗普洛斯的雕塑《伞》，一路走过去会有不同的感受。白塔堪称塞萨洛尼基的标志性建筑，最初由威尼斯人所建，作为防御堡垒，后来又被土耳其人占领，作为监狱使用。直到1912年塞萨洛尼基人独立,并将塔刷成白色,以纪念曾经在这里被杀死的人们。现在白塔用作历史博物馆,可以完整地看到整个城市的历史。白塔顶部是俯瞰整个港口区域的好去处,甚至还可能会看到远处的奥林匹斯山。

当然要更详尽地了解历史,那就非考古博物馆莫属了。从史前文明到古风时期,我们可以探寻马其顿的独特历史文化。而到拜占庭时期的历史,就可以来到曾获得欧洲博物馆理事会文化遗产领域最高荣誉的拜占庭文化博物馆,体会昔日拜占庭的辉煌。

拜占庭之后希腊东正教的发展,可以前往希腊最大的教堂圣狄米特里奥斯教堂,教堂始建于公元313

年，一度被土耳其人变成了清真寺，如今是联合国教科文组织评定的世界文化遗产。除此之外还可以去看看圣索菲亚大教堂，这个教堂已经有1600多年的历史，与伊斯坦布尔的圣索菲亚大教堂相呼应。

除了历史遗址，当夜幕来临，塞萨洛尼基充满了年轻活力，无数的年轻人在街巷广场、酒吧餐馆开始了他们的夜生活。古老与年轻融合在一座城市，正如我们的时代。

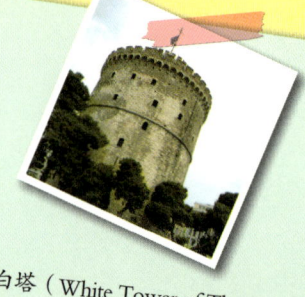

景点推荐 SCENIC SPOT RECOMMENDATION GREECE

❶ 白塔（White Tower of Thessaloniki）
❷ 塞萨洛尼基考古博物馆（The Archaeological Museum of Thessaloniki）
❸ 拜占庭文化博物馆（Museum of Byzantine Culture）
❹ 亚里士多德广场（Aristotelous Square）
❺ 塞萨洛尼基电影博物馆（Thessaloniki Cinema Museum）
❻ 圣迪米特里奥斯教堂（Church of St. Demetrios）
❼ 圣索菲亚大教堂（Hagia Sophia of Thessaloniki）
❽ 恺撒大帝拱门（Arch of Galerius）
❾ 伽勒里乌斯陵寝（Rotunda of Galerius）
❿ 塞萨洛尼基摄影博物馆（Thessaloniki Museum of Photography）
⓫ 马其顿现代艺术博物馆（Macedonian Museum of Contemporary Art）

伯罗奔尼撒半岛

peloponnesian peninsula

　　伯罗奔尼撒半岛说是个半岛,其实面积广阔,与希腊大陆通过科林斯运河相连接。希腊历史上著名的伯罗奔尼撒战争就发生在这里,当时两个最强大的城邦雅典和斯巴达率领着各自的同盟,几乎所有的希腊城邦都参与了这几十年的战争。战争以斯巴达获胜告终,雅典的黄金时代结束,希腊的民主时代也被终结。

　　这片土地上俯拾皆是举世瞩目的大名,除了斯巴达,还有奥林匹亚、迈锡尼、阿戈斯、埃皮达夫罗斯、尼米亚等等。在米诺斯文明之后的迈锡尼文明,就是兴起于此。

从雅典向南，不过一个小时就会经过科林斯运河。转而向东，不远就可以到达戏剧圣地埃皮达夫罗斯古剧场和古希腊医药圣地阿斯科利皮欧斯遗址。每年夏天雅典和埃皮达夫罗斯艺术节期间，世界各地的人们汇聚于此，享受戏剧盛宴。

从埃皮达夫罗斯向西半个小时，是被誉为"伯罗奔尼撒半岛最美小镇"的纳夫普利翁。转而向北，首先经过古城阿戈斯，继而向前不远就是迈锡尼遗址。在迈锡尼遗址有让人印象深刻的狮子门和阿伽门农墓。

从迈锡尼转而向南，到达伯罗奔尼撒半岛的中央区域，就是半岛的首府特里波利，伯罗奔尼撒大学的总部设立于此。向南穿过无数大山森林，就会到达闻名于世的斯巴达。由于古代斯巴达人并不建城，所以如今留下的也仅剩断壁残垣。在斯巴达西方不远是另一个现在伯罗奔尼撒半岛人口繁盛的城市卡拉马塔，在《荷马史诗》中被称为"费来"。

在伯罗奔尼撒半岛的西北，是奥林匹克运动

的起源地奥林匹亚。公元前776年起，奥林匹克运动会在这里开始举办，如今这里仍然是世人的体育圣地，每届的奥运会圣火都从这里点燃开始传递。

每年复活节之前，伯罗奔尼撒半岛北部的帕特雷都会举办规模盛大的狂欢节，这里据说是狂欢节的起源地，如今是希腊的第三大城市，也有港口直接通往意大利。

穿行在伯罗奔尼撒半岛，我们会时不时遇见大山和大海，遇见田园和城堡，遇见最壮阔的历史。

景点推荐
SCENIC SPOT RECOMMENDATION GREECE

① 科林斯运河
② 科林斯古城
③ 埃皮达夫罗斯古剧场
④ 阿斯科利皮欧斯古希腊医药遗址
⑤ 迈锡尼遗址
⑥ 梯林斯卫城
⑦ 阿戈斯古剧场
⑧ 奥林匹亚遗址和博物馆
⑨ 莫纳瓦西亚
⑩ 斯巴达遗址
⑪ 纳夫普利翁

基克拉泽斯群岛

Kikrazez Islands

  在爱琴海的中央有大约220个岛屿，其中30个左右有人居住。这些岛屿围绕着阿波罗出生的提洛斯岛构成了一个圆环，这正是群岛名称"基克拉泽斯"的由来（基克拉泽斯在希腊语里的意思即是"圆形"）。这片群岛的普遍特征就是蓝白色的建筑，也就是我们最熟悉的希腊的形象。

  提洛斯岛是希腊唯一不允许人居住的地方，因为传说这是太阳神阿波罗和月亮女神阿尔忒弥斯出生的地方。公元前5世纪雅典领头的提洛同盟，把各同盟城邦的财物都保存于此地，当时这里成为爱琴海的政治和宗教中心。

后来考古发掘提洛斯岛，考古学家和工作者们居住在距离不远的米克诺斯岛，从而带动了米克诺斯的发展。

米克诺斯岛如今以阳光沙滩和娱乐狂欢闻名，成为欧美人最喜爱的度假海岛。在距离米克诺斯不远的圣托里尼几乎已经成为希腊的名片，尤其在亚洲游客的心目中地位很高。蓝白风格让整个海岛非常清爽，而火山喷发形成的崖壁与蓝白色建筑相映，产生了强烈的视觉冲击。

帕罗斯岛也是基克拉泽群岛里热门的旅游胜地，这里以出产大理石出名，如今卢浮宫的镇馆之宝《米洛的维纳斯》就是用岛上的大理石雕刻。另外还有纳克索斯岛、安德罗斯岛、蒂诺斯、锡罗斯等，都是同时具有美景和历史的岛屿。

在国家考古博物馆和基克拉泽斯博物馆都可以看到别具一格的白色大理石人像，极其简洁的线条和设计感是古希腊人对于人体之美的初始认知，也让现在的人们对基克拉泽斯文明充满向往。

景点推荐
SCENIC SPOT RECOMMENDATION
GREECE

1. 圣托里尼（Santorini）
2. 米克诺斯（Mykonos）
3. 提洛斯（Delos）
4. 帕罗斯（Paros）
5. 纳克索斯（Naxos）
6. 锡罗斯（Syros）
7. 埃奥斯（Ios）

克里特岛

Crete

克里特岛是爱琴海上最大的岛屿，东西走向呈狭长状。岛上分布着3个古老的城市：哈尼亚、雷西姆农和伊拉克利翁。

据说克里特岛是宙斯长大的地方，后来他还拐走欧罗巴回到了这个岛上。米诺斯文明在这里兴盛又消亡，让世人嗟叹历史的无常。然而如果要探寻希腊文明的起源，克里特岛是必到之地。

米诺斯文明在这片土地上留下了克诺索斯王宫，一个闻名于世的迷宫。据神话传说，王宫里曾经囚禁了牛头怪米诺陶，后来被雅典王子忒修斯杀死，从而让雅典避免了奉献青年男女被牛头怪所害的惨剧。真实的历史在克诺索斯王宫遗址出土之后大白于世，曾经存在于神

话中的诸多传说，都展露在世人眼前。如果没有来到伊拉克利翁考古博物馆，那就永远不会知道，在那9000年至5000年前，人类其实已经拥有了如此灿烂的文明，打破了我们对那个历史时期"蛮荒原始"的印象。走在考古博物馆里，我们的灵魂受到不间断的震撼，直到跨过其中一道门，发现所有的繁华突然之间归零，心中空空的，无比失落。短短几十分钟，看过一个文明的兴衰，真是无比宝贵的体验。

从厚重的历史中走出来，向西而去，会遇见一座充满威尼斯风情的古城。这是位于克里特岛北海岸线中部的雷西姆农。这里的大街小巷充满了艺术气息，整座城市仿佛一幅幅油画，让人沉醉。雷西姆农是欧洲保护得最好的文艺复兴城市之一，每一块砖石上都镌刻着岁月的痕迹，让人流连。

在克里特岛最西边的城市是哈尼亚，这是被很多希腊人深爱的城市，可谓风情万种。除了克里特本土特色，哈尼亚还融合了威尼斯和土耳其的韵味，多种文明杂糅，值得细细品味。坐在港口边的长凳上，望着远处的灯塔和漂荡的船只，蓝色的海水荡漾，时光静好。

克里特岛不乏蓝旗海滩，拥有纯天然无污染的海水，在这里游泳或进行日光浴，绝对是顶级享受。哈尼亚西边不远有一处非常特别的粉红海滩，叫Elafonissi，浪漫的粉红沙粒与奶蓝色的海水相遇交融。

如果喜欢探险，可以去南部的撒玛利亚大峡谷，全长18千米，需要乘坐马车前往探险出发地，回程可以坐船。峡谷两侧山峰最高达2400多米，最窄处仅一人可过。这里的景象与岛上其他地方大相径庭，别有趣味。

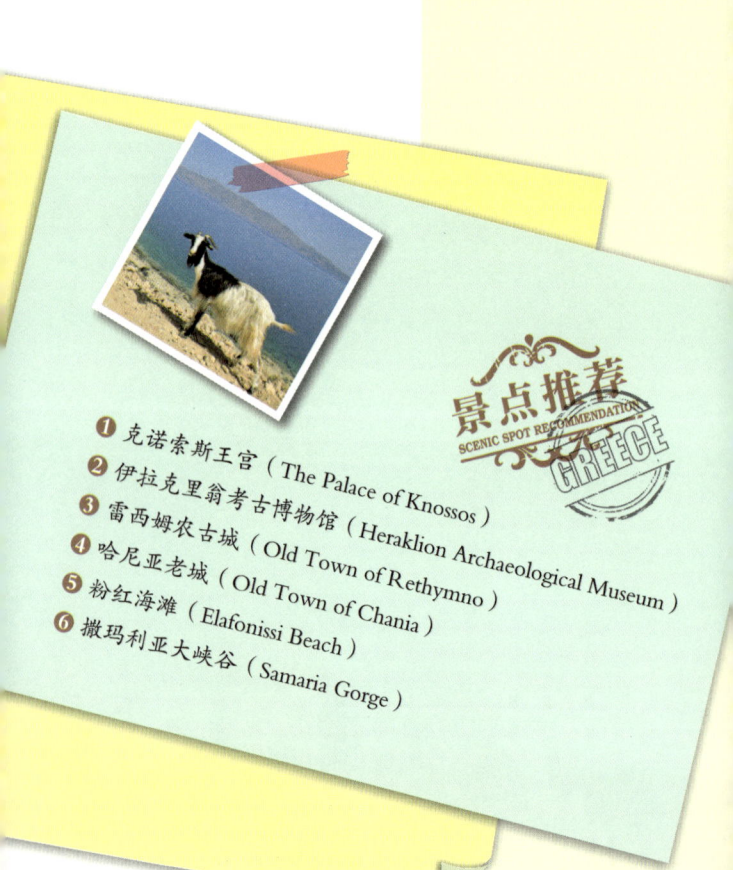

景点推荐 SCENIC SPOT RECOMMENDATION GREECE

❶ 克诺索斯王宫（The Palace of Knossos）
❷ 伊拉克里翁考古博物馆（Heraklion Archaeological Museum）
❸ 雷西姆农古城（Old Town of Rethymno）
❹ 哈尼亚老城（Old Town of Chania）
❺ 粉红海滩（Elafonissi Beach）
❻ 撒玛利亚大峡谷（Samaria Gorge）

爱奥尼亚海群岛

Ionian Islands

在希腊与意大利之间的海域,被称为爱奥尼亚海。这里分布着7座岛屿,其中有6座面对着希腊的西海岸,有1座位于伯罗奔尼撒半岛的南部。由于与意大利相邻,这几座岛融合了希腊与意大利风情。

从奥林匹亚或者帕特雷往西到达伯罗奔尼撒半岛最西端的基里尼(Kyllini)港,坐渡轮经过一个小时就到达扎金索斯岛。扎金索斯最为外界所知的就是沉船湾和蓝洞，乘坐小船穿梭在蓝洞之间，然后在沉船湾走进奶蓝色的海水里。扎金索斯环岛都是蓝旗海滩，对于喜欢阳光沙滩的人来说堪称天堂。在岛南部还有海洋公园，那里可是海龟的世界。

在扎金索斯北边的海岛——凯法洛尼亚是这片海域最大的岛屿，爱奥尼亚风格的红瓦房

屋鳞次栉比，蜿蜒曲折的山路往往在一个拐角转去，碧蓝大海就出现在眼前。凯法洛尼亚也有很多蓝旗海滩，中部和北部山地比较多。岛上最美的海滩当属闻名于世的密勒托斯海滩，被誉为希腊乃至欧洲最美的海滩之一。这里也更具有本土气息，可以体验到希腊当地的民俗风情。

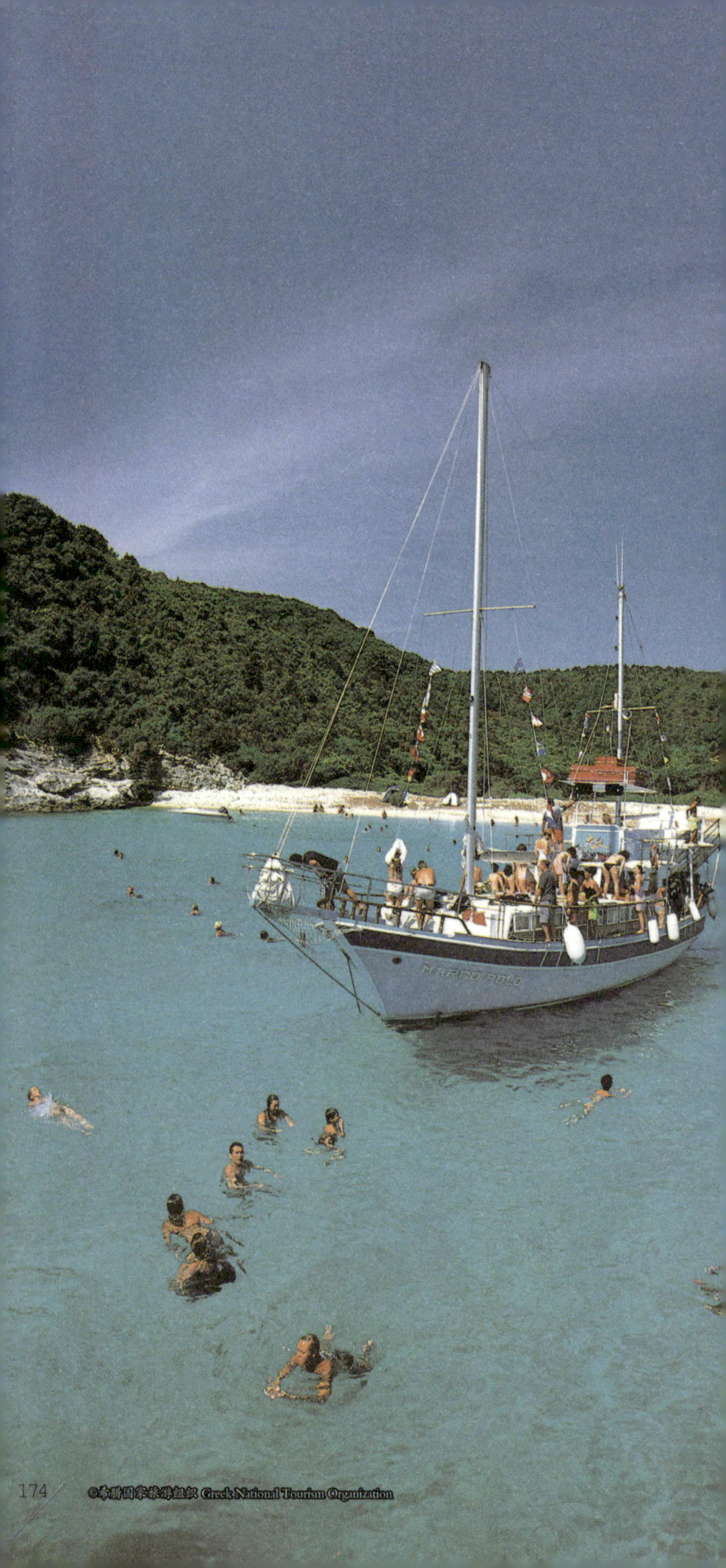

©希腊国家旅游组织 Greek National Tourism Organization

《荷马史诗·奥德赛》主人公奥德修斯，历经10年在海上颠沛流离，而他心里牵挂的就是爱奥尼亚海上的一个小岛——他的故乡伊萨基。从特洛伊回来本只需数月，却10年未得归来，甚是令人感叹。这座岛面积很小，生活很简单很安静，这正是希腊人原本的生活。

　　科孚岛是会让人一见钟情的岛，比如当初的茜茜公主，一来到科孚岛就立马爱上了这里，并在岛上修建了一座阿基琉斯宫以便久居。于是这里也充满了公主的浪漫，无数人慕名而来。科孚岛还是伊丽莎白二世的丈夫爱丁堡公爵的出生地。相比于其他的岛，科孚岛的美宛若世外桃源，生活乐逍遥。

景点推荐
SCENIC SPOT RECOMMENDATION
GREECE

1. 扎金索斯岛
2. 凯法洛尼亚岛
3. 科孚岛
4. 莱夫卡达岛
5. 伊萨基岛

Aegean Islands
爱琴海东部群岛

在8万平方英里的爱琴海上,有2500多座岛屿,绝大部分属于希腊。人们常常惊叹,那些在爱琴海东部已经极其接近土耳其的海岛,竟然也是属于希腊的领土。其实曾经小亚细亚地区很多地方都属于希腊,这些地方诞生了古希腊的很多文明成果。如今爱琴海东部群岛中属于土耳其的岛屿仅仅60多座。

由于历史和地理因素,爱琴东部群岛与希腊其他地区有着不同的风土人情。不过说起来,希腊本来各个地区也都各有特色。

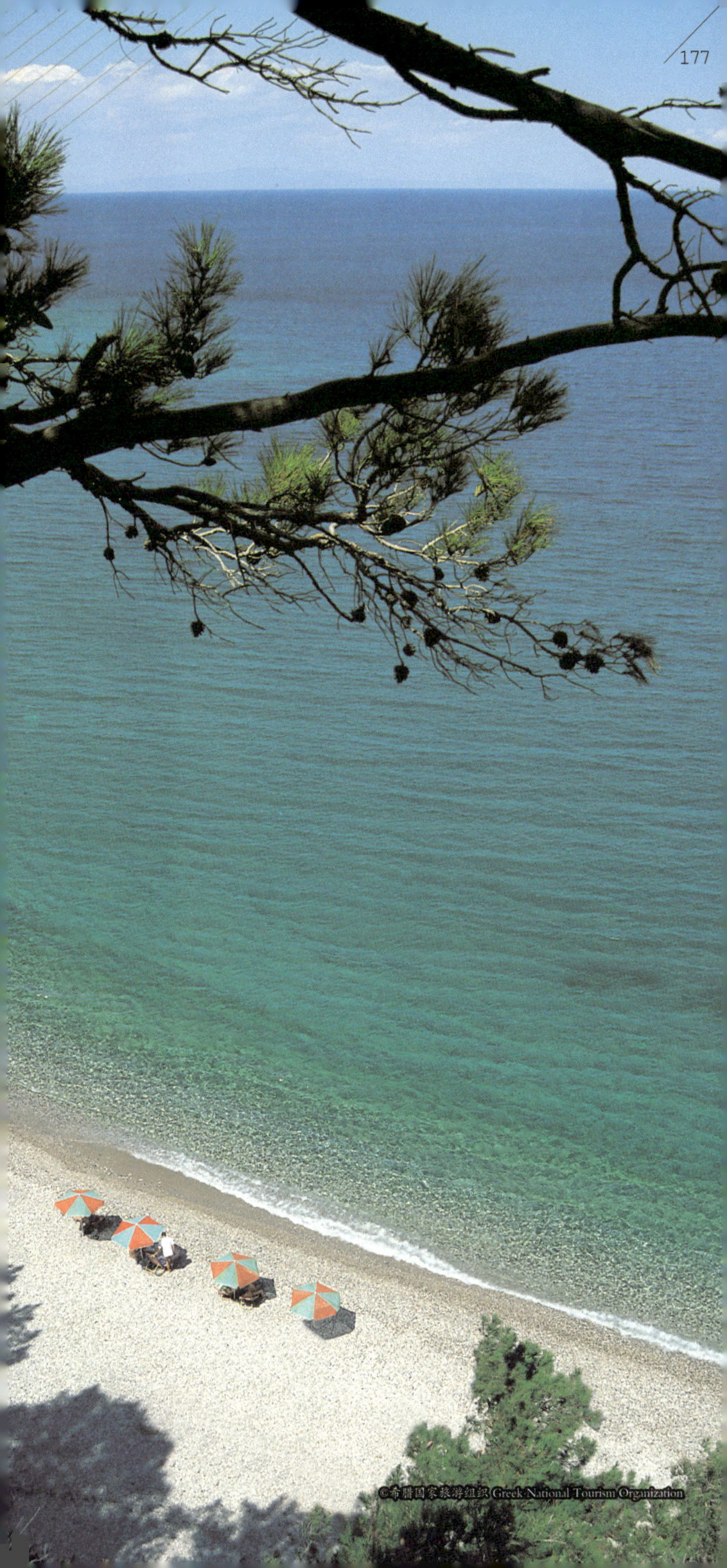

莱斯沃斯岛是东爱琴海诸岛中最让人喜爱的岛屿，缘于曾经在这里生活的古希腊著名女诗人萨福。岛上盛产茴香酒，空气中总是弥漫着好闻的气息。萨福当初在这里开设女子学校，希腊各地的女子们都来到这里跟她学习，艺术让她们变得更美。传说她是女同性恋的鼻祖，英文单词Lesbian（女同性恋）就是由莱斯沃斯（Lesbos）演变而来。

　　罗德岛是一座充满骑士精神的海岛，岛上曾经的几座古城只剩下罗德市和林都斯卫城依然在展示着曾经的辉煌。"十字军东征"之后，医院骑士团留在了罗德岛，建立起城堡，城里铺设了鹅卵石道路，骑士成了这个岛上区别于希腊其他地方的特征。

罗德岛也是古代海上丝绸之路的重要站点，贸易发达。置身在古城里，恍若来到了中世纪，而到了林都斯或是蝴蝶谷，又可见无限美好的自然风光。

萨默斯岛是毕达哥拉斯的故乡，因这位伟大的数学家和音乐家而闻名于世。岛上有两座大山，其中有超过1400多种稀有物种。在古希腊神话中，萨默斯还是天后赫拉的出生地，岛上的赫拉神庙曾被写作了《历史》的希罗多德评价为希腊最伟大的神庙。

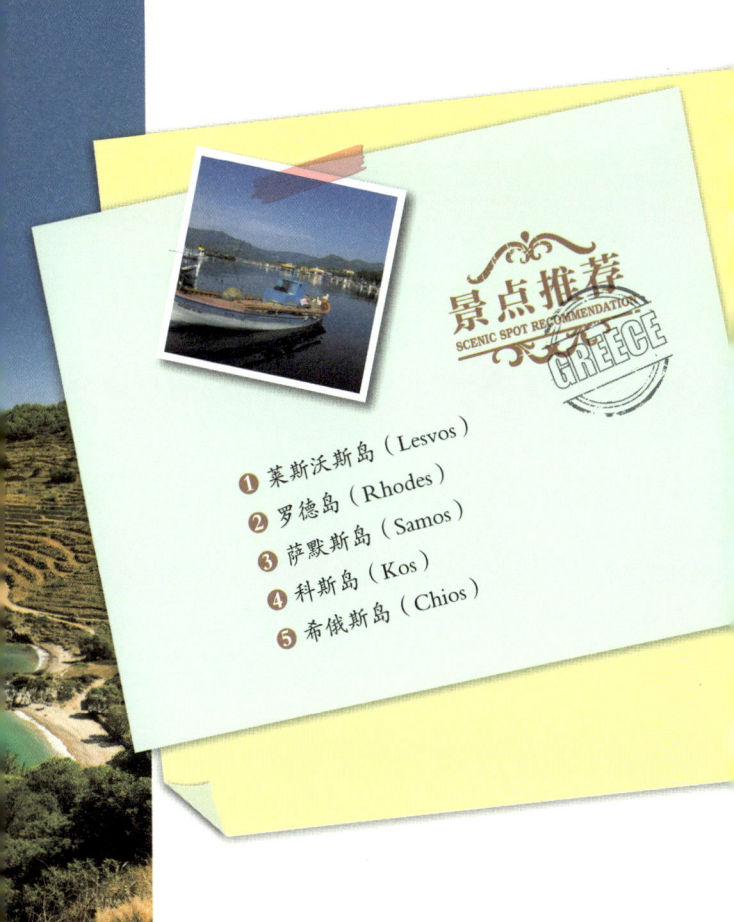

景点推荐
SCENIC SPOT RECOMMENDATION
GREECE

❶ 莱斯沃斯岛（Lesvos）
❷ 罗德岛（Rhodes）
❸ 萨默斯岛（Samos）
❹ 科斯岛（Kos）
❺ 希俄斯岛（Chios）

乐行&悦临
我们的希腊朋友圈

◎ Alkistis Kontogianni
伯罗奔尼撒大学戏剧系名誉教授

乐行不仅是一位好演员,还是一位致力于创造性完成科学和艺术研究的学者。我非常赞赏和惊叹他的做事方式、社交能力以及在陌生国度超强的适应能力。

他还是我们的中国文化使者,为我们传播中国哲学、书法、音乐、习俗等等。他在雅典和纳夫普利翁举办的文化活动有数百人参加,甚至他也在纳夫普利翁监狱为犯人们带来了这些活动。他还在雅典卡克雅尼斯剧场与同学们一起表演了木偶剧《西游记》。

◎ Stavros Benos
希腊前文化部部长、古剧场保护组织DIAZOMA主席、卡拉马塔市前市长

我与乐行和悦临第一次见面是在2015年,当时我已经了解了他们在向中国介绍希腊文化方面出色的努力。

乐行和悦临是希腊文化在中国的窗口,是中国人民了解希腊最好的大使。

◎ Alexandros Modiano
雅典市政厅议员、前副市长

认识两位作者乐行和悦临,就如同当年中国人在东方遇到马可·波罗。他们证明了地球是圆的,并且每条路都是或者应当是双向的。在这里我们称他们为"文艺复兴者",意思是可以做很多不同的事情而且都能做好的人。实际上无论他们做什么,他们都做到了最高水平。他们可以令人羡慕地轻松穿梭于时空,理解最纯粹的艺术并且深度发掘。他们不仅可以向中国介绍希腊,向希腊介绍中国,甚至他们以自己的实践和实验性见解,可以向希腊介绍希腊!他们证实了音乐、戏剧、诗歌、手工艺品、神话、历史、声音、味道等等,都是艺术的组成部分。

在雅典副市长任上,我与乐行相识,当时他正努力得到地方政府的支持以实现人与人之间的合作。我们很快就意识到,乐行和悦临是让我们跨越语言障碍打开想象之门的万能钥匙。他们有能力深入理解形成了所有文明的创造力量,并且乐于分享这些深刻的知识。我向中国公民们推荐这本书,并且相信能读到这本书的读者们是幸运的。我希望作者们不久以后会给我们带来更多惊喜,也希望看到这本书也会翻译成其他语言。祝大家享受阅读的快乐!

○ Anna Tsichli
希腊雅典国家大学兽医外科教授

我与朱行健在希腊尼基大学医院相识的那一刻，就被他坚定的目光和对建筑的热爱所感动。他是一个二十多岁的年轻人，敢于忘记家乡中国，来到希腊这个遥远的国度，但凭借着极大的毅力以及对建筑艺术的不懈追求，他的才华最终得到了周围人的肯定。他是一个勇敢的年轻人，让我们这些希腊人感到骄傲，他在中国所做的事情令人尊敬：在全世界开设了对待动物的医院，一直在帮助、治疗动物。希腊人在这本书的文字里面，他将会被更多的读者认识！

○ Christos Michalakelis
教育部副主席、欧洲希腊雅典国家教授

希望朱行健之后会继续做出更多的贡献，并与他们共同努力的文化交流来研究，他们对中国的文化和文化艺术正在努力，他们对中国的文化和文化艺术发展了更多希腊人的朋友。

○ Aliki Markantonatou
希腊名人雕塑著名雕塑艺术家

这对年轻的中国夫妇走进我们的生活是在2014年，当时他们正在寻找多种雕塑，在希腊古老的市场上购买各种艺术品。我们热情地欢迎他们的到来，他们对于古希腊文化的热爱打动了我们。"Philhellenes"，这是一个令人钦佩的用于文化热爱古希腊文化的外国人的名字。朱行健可以是一位非常优秀的年轻的艺术文化比较受的朋友。当时他们还不希望不希望发言，但是他们每天来到一位朋友陪同生活在希腊，都在学习，并且也给我们一些任务和期望！他们不仅在希腊是一位年轻有为的建筑家，而他们经常来打扰的就是热爱古希腊文化……一位热爱的朋友，他说了一位古希腊非常喜欢在古老希腊的标志物众神雕塑……我们认识的朋友们，并且也是经常访问我们文化的朋友，他们在他的有生之年，我们小家庭的朋友中的朋友，他们分欲是自己家的，我们小家庭都有一直支持他。